참기쁨

Only pleasured
by the Lord

# 참기쁨

주 안에서 기뻐하라
내가 다시 말하노니 기뻐하라

이영훈 지음

교회성장연구소

**프롤로그**

# 주님 한 분만으로…

요즘엔 두세 사람이 모인 자리라면 재테크 이야기가 빠지지 않고 등장한다고 합니다. 좋은 집에 살고 좋은 차를 타기 위해 조금이라도 더 부를 쌓고자 하는 것이 현대인의 가장 큰 관심거리라는 것입니다. 그만큼 요즘 사회는 얼마나 좋은 옷을 입고 많은 것을 소유했는지가 그 사람을 설명하는 지표가 되고 있습니다. 학생들이라고 다르지 않습니다. 요즘 아이들은 학교에 입학하기 전부터 조기교육을 하고, 초등학교에 입학하자마자 수능형 공부를 한다고 하니, 학생들이 학업 스트레스와 우울증에 빠져 있다는 말이 실감이 납니다.

그러나 과연 우리가 말하는 이러한 지표들이 행복의 기준이 될 수 있을까요? 과연 넓은 집에 살고 부를 누리며 일등을 하는 것만으로 삶의 기쁨과 즐거움을 얻을 수 있을까요?

많은 사람이 이른바 스펙spec을 얻기 위해 온갖 노력을 하며 살아가고 있습니다. 그들은 사람의 인정을 받기 위해 노력하고 높은 점수를 따기 위해 전전긍긍합니다. 그 덕분인지 이제 우리 사회는 높은 경제 성장률을 자랑하고 있고, 먹을 것도 누리는 것도 풍성한 사회가 되었습니다. 그럼에도 한국의 행복지수는 바닥을 치고, 이혼율과 실업률, 자살률은 최고점을 향하고 있습니다.

성경은 인생의 기쁨이나 사람의 생명이 소유의 넉넉함에 있지 않다고 말씀하고 있습니다.

> 그들에게 이르시되 삼가 모든 탐심을 물리치라 사람의 생명이 그 소유의 넉넉한 데 있지 아니하니라 하시고 누가복음 12:15

인생의 기쁨과 즐거움은 환경이나 조건으로 결정되는 것이 아닙니다. 쾌락은 절대로 행복을 대신할 수 없습니다. 그렇다고 해서 세속을 떠나 세상과 단절된 곳에서 살아가는 것 또한 기쁨을 찾아가는 정확한 길일 수 없습니다. 한때 '무소유'가 마치 행복의 지름길인 것처럼 인식되던 때가 있었지만 이는 일차적인 결론일 뿐 우리는 그다음을 생각해야 합니다.

전도서를 보면 솔로몬은 인생에서 '행복'을 찾기 위해 모든 일을 해보았다고 했습니다. 쾌락에 빠져 보기도 하고, 금은보화를 얻어 보기도 하고, 무소불위의 권력도 가져 보았습니다. 그렇게 가지고 싶은 것, 보고 싶은 것, 누리고 싶은 것을 통해 즐거움을 얻고자 했으나 그것들이 주는 기쁨과 즐거움은 모두 영원하지 못했습니다. 그래서 솔로몬은 이 모든 것이 바람을 잡으려는 헛된 노력에 불과하다고 말했습니다전 1:14. 솔로몬은 하나님을 경외하고 그분과 바른 관계를 맺는 것이 모든 사람이 놓쳐서는 안 되는 것, 가장 중요한 것, 즉 본분이라고 말했습니다전 12:13. 하나님을 경외하지 않고서는 참된 행복과 참된 기쁨을 누릴 수 없다는 것입니다. 이것은 또한 하나님의 창조 섭리와 관련되어 있습니다.

어떤 도구든 그에 따른 목적과 사용 방법이 있습니다. 올바른 목적으로 쓰일 때 그 도구의 가치가 빛나는 것입니다. 사람 역시 마찬가지입니다. 성경에서는 인간의 창조 목적을 '하나님을 영화롭게 하는 것'이라고 밝히고 있습니다. 모든 사물이 본래의 사용 목적대로 쓰일 때 최적의 기능을 발휘할 수 있는 것처럼, 우리도 창조 목적에 맞는 삶을 살 때 비로소 진리가 주는 참된 기쁨과 참된 자유를 누릴 수 있게 됩니다.

우울증 환자들을 상담해 보면, 그들은 왜 태어났고 무엇을 위해 살아가고 있는지 모르겠다고 합니다. 심한 경우에는 자기는 이 땅에서 살아갈 가치가 없는 존재라고 생각합니다. 그 결과 스스로 목숨을 끊고 마는 것입니다. 놀라운 사실은 우울증 환자 중에는 상위 1퍼센트의 지위와 부를 가지고 있는 사람, 명문대학교에 다니는 사람들도 있다는 것입니다. 참 안타까운 일이 아닐 수 없습니다.

인간의 행복이 소유에 있다는 생각은 결국 우리를 죄악의 영향력 아래 살게 하려는 사탄의 계략입니다. 또한 소유와 집착을 버리는 무소유의 삶을 강조하는 것 역시 인간 내면의 힘을 우상화하도록 만드는 잘못된 가르침에 불과합니다. 그러므로 이제는 본질로 돌아가 우리가 이 땅에 태어난 이유와 목적을 알아야 합니다. 우리는 하나님을 찬양하고 그분과 동행하기 위해 지음 받았습니다.

> 이 백성은 내가 나를 위하여 지었나니 나를 찬송하게 하려 함이니라 이사야 43:21

예수님은 십자가를 지고 가는 그 순간에도 기뻐하셨습니다. 살이 찢어지는 고통과 죽음 앞에서도 담담히 그것을 받아들이시고 후회하지 않으셨습니다. 그것은 우리를 너무나도 사랑하셨기 때문이었습니다. 기쁨의 영성은 그 예수님을 따르는 것입니다. 예수님만으로 만족할 줄 아는 영성입니다. 하나님께서는 예수님을 가리켜 당신의 뜻을 받들어 순종하는 아들이라는 뜻에서 "내 기뻐하는 자라"마 3:17고 부르셨습니다. 다시 말해 하나님의 백성으로 세상에서 승리할 수 있는 비결은 하나님 한 분만으로 기뻐하는 삶입니다.

여호와(야훼)로 인하여 기뻐하는 것이 너희의 힘이니라 하고 느헤미야 8:10

『참기쁨』은 이 땅의 모든 그리스도인이 작은 예수의 모습을 닮아 진정한 기쁨을 회복할 수 있기를 바라는 마음으로 쓰게 되었습니다. 비록 이 시대가 눈에 보이는 지표들로 행복의 기준으로 삼더라도 이 시대를 본받지 말기를 바랍니다. 작은 예수의 영성을 회복하길 바랍니다. 하나님만으로 기뻐하고 하나님 한 분만으로 만족하는 순전한 마음을 품는 것이야말로 이 땅에서 승리하는 최고의 힘을 소유하는 것입니다.

여의도순복음교회 담임목사 **이영훈**

### 차례

**프롤로그** 주님 한 분만으로…　　　　　　　　　　　04

## Part 1　기뻐하고 또 기뻐하라

Chapter 01　기쁨의 비결　　　　　　　　　　　13
Chapter 02　염려는 세상에 속한 것이다　　　　　33
Chapter 03　형통한 삶이 주는 기쁨　　　　　　　51

## Part 2　하나님을 기뻐하라

Chapter 04　세상의 기준을 버려라　　　　　　　73
Chapter 05　나의 기준을 버려라　　　　　　　　83
Chapter 06　하나님의 임재를 사모하라　　　　　103
Chapter 07　진리의 하나님과 동행하라　　　　　123

## Part 3  고난 중에도 기뻐하라

Chapter 08  예수님의 순종과 하나님의 기쁨　　141
Chapter 09  부르심을 따라 사는 삶　　161
Chapter 10  절망 중에 찾아오시는 예수님　　179

## Part 4  기쁨을 완성하라

Chapter 11  고통과 절망을 이기는 힘　　199
Chapter 12  기쁨의 통로 그리스도인　　215
Chapter 13  잘하였도다 착하고 충성된 종아　　225

지금 우리 앞에 놓여 있는 현실이 아무리 어렵고 힘들어도 그 힘든 현실 뒤에서 펼쳐지고 있는 하나님의 은혜는 항상 우리의 상상을 뛰어넘는다는 것을 기억해야 합니다. 우리에게 늘 넘치는 은혜를 주신다고 약속하신 좋으신 하나님을 믿고, 매일매일 즐거운 마음과 기쁜 마음으로 살아갈 때 우리는 모든 것을 넉넉히 이길 수 있습니다. 이것이 바로 그리스도인이 구해야 할 기쁨의 능력입니다.

# Part 1
## 기뻐하고 또 기뻐하라

**Chapter 01** 기쁨의 비결
**Chapter 02** 염려는 세상에 속한 것이다
**Chapter 03** 형통한 삶이 주는 기쁨

## Chapter 01

# 기쁨의 비결

　오래전 어떤 고위층 인사가 몸 상태가 좋지 않아 건강 검진을 받기 위해 병원을 찾았습니다. 검진 결과 그는 놀랍게도 간암이라는 판명을 받고 28일 만에 세상을 떠났습니다. 그는 평소에 술을 많이 마시는 편이긴 했지만, 못하는 운동이 없었고 감기 한 번 앓은 적이 없는 건강 체질이었습니다. 마음만 먹으면 얼마든지 암을 극복할 수 있는 체력을 갖고 있었습니다. 그런 그가 간암이란 말에 충격을 받더니 순식간에 기력이 빠져나가 암이 온몸에 급속도로 전이되어 세상을 떠나게 된 것입니다. 이러한 상황을 지켜본 의사는 "차라리 환자가 간암인 것을 몰랐으면 6개월 또는 1년은 더 살 수 있었을 텐데"라고 말했다고 합니다.

　우리가 이 세상을 사는 동안 무엇보다 염두에 두어야 할 것은 마음을 잘 다스리는 것입니다. 성경을 보면 사도 바울 역시 복음을 전하면서 숱한 죽음의 고비를 넘겼습니다. 그러나 그는 마음이 약해지거나 포기하지 않았습니다. 오히려 기쁨과 감사가 늘 충만했습니다. 빌립보서에는 '기뻐하라'

는 말이 굉장히 많이 나옵니다.

> 주 안에서 항상 기뻐하라 내가 다시 말하노니 기뻐하라 빌립보서 4:4

빌립보서는 사도 바울이 빌립보 교회의 성도들에게 무슨 일이 있어도 기뻐하라고 당부한 편지입니다. 그러나 당시 바울의 상황을 보면, 이 말이 쉽게 이해가 되지 않습니다. 왜냐하면 사도 바울이 빌립보서를 쓴 곳은 감옥이었기 때문입니다. 감옥에 갇힌 사람이 밖에 있는 사람들에게 '항상 기뻐하라'고 권면한다는 것은 선뜻 이해하기 어렵습니다.

그런데 가만히 살펴보면 사도 바울은 빌립보서 4장 13절을 통해 "내게 능력 주시는 자 안에서 내가 모든 것을 할 수 있느니라"고 기뻐할 수 있는 비결을 제시해 주고 있습니다. 바로 '능력 주시는 자 안에서'라면 어떠한 상황에서도 기뻐할 수 있다는 것입니다. 바울이 말하는 기쁨의 비밀은 자신에게 능력 주시는 자만 의지하고 철저히 더 낮아지는 데 있었습니다. 자신의 죄와 허물이 그리스도와 함께 십자가에 못 박혀 죽어야만, 비로소 그리스도의 부활의 능력이 드러난다는 사실을 알았던 것입니다. 그래서 사도 바울은 더욱 자신을 낮추고자 했습니다. 비록 감옥에 갇힌 죄수의 신분이었지만, 예수님으로 말미암은 기쁨은 그 누구도 빼앗아 갈 수 없었습니다. 오히려 그는 세상이 알 수 없는 기쁨과 행복을 가지고 살았습니다. 이것이 바로 세상이 알지 못하는 기쁨의 영성이며, 복음의 능력입니다.

우리가 복음 안에 거하면 세상이 줄 수도 없고 알 수도 없는 참된 평안이 우리 마음에 임합니다. 항상 기뻐하고 감사할 수 있게 됩니다. 복음 안에서 자신이 낮아지면 낮아질수록 우리가 하는 일과 그 역할은 커지게 마련입니다. 우리에게 능력 주시는 자 안에서 낮아짐으로 우리는 더 큰 기쁨을 누리며 살 수 있게 됩니다.

## 낮아짐

사도 바울은 자신에게 임하는 주님의 은혜가 매우 크다는 것을 알았기 때문에 그 어떤 경우에도 스스로 만족하는 삶을 살 수 있었습니다. 그는 예수님을 만난 후로는 자신의 뛰어난 가문, 로마 시민권, 좋은 학벌, 산헤드린Sanhedrin, 공회에서 인정받는 위치에 있었던 것을 결코 내세우지 않았습니다. 오히려 낮아지는 모습을 통해 하나님께 더욱 영광을 돌렸습니다. '낮아짐', 이것이 사도 바울의 능력의 비결이며 기쁨의 비결이었습니다.

> 내가 궁핍하므로 말하는 것이 아니니라 어떠한 형편에든지 나는 자족하기를 배웠노니 빌립보서 4:11

사도 바울은 복음을 전하기 위해 온 소아시아 지역과 유럽 지역을 여행하였고, 가는 곳마다 교회를 세웠습니다. 그래서 때때로 물질의 어려움을 겪기도 했습니다. 그럼에도 그는 결코 여기저기 어려움을 호소하며 도움을 요청하지 않았습니다. 오히려 주 안에서 늘 자족하는 삶을 살았습니다. 이는 자신이 처한 고통이 그리스도의 능력을 머물게 하는 통로가 됨을 알았기 때문입니다. 만족하는 삶을 살아가는 비결은 주 안에서 감사하고 찬양하는 데 있습니다. 그러므로 어떤 경우에도 원망과 불평을 하지 말고 현재 우리에게 주어진 하나님의 은혜에 감사할 줄 알아야 합니다.

오륜교회를 담임하고 있는 김은호 목사는 교회를 개척하면서 다음과 같은 세 가지 원칙을 세웠다고 합니다.

① 전에 섬기던 교회에서 성도를 데리고 나오지 않는다.
② 형제나 친지들로 교회를 채우지 않는다.
③ 물질적으로 어려울 때 남에게 손을 벌리지 않는다.

김은호 목사는 평신도 한 명, 학생 두 명과 함께 전세금 1,200만 원을 대출받아 교회를 개척했습니다. 새벽 예배는 거의 사모와 단둘이 드릴 때가 많았고, 눈물 없이 지낼 수 없는 날들이 계속되었다고 합니다. 그러나 그럴수록 김은호 목사는 더욱 엎드려 기도했고, 늘 감사를 잃지 않으려고 몸부림쳤다고 합니다. 포기하지 않고 기쁨으로 사역하는 법을 배우고자 힘썼던 것입니다. 예수님께서는 주님 한 분만으로 기뻐하고 낮아짐의 모습을 잃지 않은 김은호 목사의 목회와 삶을 주장하셨습니다. 그 결과 오륜교회는 20년 만에 1만 명이 모이는 교회로 성장했습니다. 예수 그리스도께서 주신 기쁨의 능력이 그렇게 만든 것입니다. 기뻐할 수 없는 상황에서 기쁨을 유지하는 것은 주님께서 역사하실 때만 가능합니다. 김은호 목사는 굶는 날이 수도 없이 많았지만 그 고난의 시절을 지나면서 배운 것은 그저 감사하고 즐거워하는 것이었다고 합니다. 낮아지면 낮아질수록 더 크게 임하는 주님의 기쁨이 김은호 목사의 삶을 승리로 이끈 것입니다.

그러나 자족하는 마음이 있으면 경건은 큰 이익이 되느니라 우리가 세상에 아무것도 가지고 온 것이 없으매 또한 아무것도 가지고 가지 못하리니 우리

가 먹을 것과 입을 것이 있은즉 족한 줄로 알 것이니라 디모데전서 6:6-8

1940년대부터 신학 베스트셀러를 저술한 데이비드 소퍼David Soper는 그의 책『하나님은 피할 수 없는 분』God Is Inescapable에서 이렇게 말하고 있습니다.

"근본적으로 감옥과 수도원의 차이는 불평과 감사의 차이입니다. 이것은 확실한 사실입니다. 감옥에 수감된 죄수들은 깨어 있을 때마다 불평을 합니다. 반면에 자발적으로 자아를 가두어 둔 성자들은 깨어 있을 때마다 하나님께 감사를 드립니다. 죄수들이 성자가 되는 때에는 감옥이 수도원이 됩니다. 성자들이 감사를 포기하는 때에는 수도원이 감옥이 됩니다."

어떻게 똑같이 자유가 없는 상황에서 정반대의 반응을 보일 수가 있을까요? 소퍼는 '불평하느냐 감사하느냐'는 상황이나 환경의 문제가 아니라 마음의 문제라는 것을 말하고 있는 것입니다. 즉, 현실을 어떻게 받아들이는가의 차이입니다.

감옥에 있는 사람들은 삶의 자유를 빼앗기고 박탈당한 억울함만 생각합니다. 그래서 마음에 불평불만이 가득하고 남을 원망하며 증오하게 되는 것입니다. 그러나 수도원에 있는 성직자들은 비록 자유롭지 않지만 삶 자체가 하나님의 '절대 은총'에 의한 '절대 은혜'임을 깨닫고 '절대 감사'의 삶을 살아갑니다. 자신이 존재한다는 것 자체가 거저 얻은 것이기에 감사할 수밖에 없다는 것입니다. 바로 이것이 그리스도인이 감사할 수 있는 이유입니다.

성경 주석자로 유명한 매튜 헨리Matthew Henry는 "감사는 좋은 것이다. 그러나 감사하면서 사는 것이 더 좋다"고 했습니다. 하루는 그가 말씀을 전하고 돌아가던 길에 강도를 만나 가진 것을 다 빼앗긴 적이 있습니다. 그는 그때 일에 대해 이렇게 고백했습니다.

"첫째로 내가 이전에는 강도를 당했던 적이 없었던 것이 감사하다. 둘째로 강도들이 내 지갑을 가져갔으나, 내 생명을 가져가지 않아서 감사하다. 셋째로 그들이 내가 가진 모든 것을 가져갔으나 그것이 그리 많지 않으니 감사하다. 넷째로 내가 강도가 아니라 강도당한 사람이라는 사실이 감사하다."

이러한 고백이야말로 절대 감사의 삶을 사는 사람만이 할 수 있는 것입니다. 아무리 많이 가졌어도 감사하는 마음이 없고 늘 불평불만이 많은 사람은 불행한 사람입니다. 그리스도인은 소유로 행복해하고 기뻐하는 사람이 아닙니다. 누군가가 더 많이 가지고 있는 것을 보면 열등감을 느끼고 자신이 더 많이 가지면 기쁘다고 이야기하는 사람은 참된 그리스도인이 아닙니다. 이런 사람은 다른 누군가가 자기보다 더 많이 가진 것을 보면 또 좌절하게 됩니다. 하나님의 사람이 소유하는 기쁨과 감사는 그런 것이 아닙니다. 어떤 상황과 형편에서도 빼앗기지 않는 참된 기쁨입니다. 그런 의미에서 상황에 상관없이 만족하고 감사할 수 있는 사람이 진정 복된 그리스도인입니다. 이러한 사람이 기쁨의 영성으로 살아가는 하나님의 사람입니다.

나는 비천에 처할 줄도 알고 풍부에 처할 줄도 알아 모든 일 곧 배부름과 배고픔과 풍부와 궁핍에도 처할 줄 아는 일체의 비결을 배웠노라 빌립보서 4:12

# 내 은혜가 네게 족하다

형편이 어려웠던 사람도 상황이 변해 잘살게 되면 다시 어려운 환경에서 살기가 쉽지 않습니다. 또한 과거에 어려웠던 때를 쉽게 잊어버리게 됩니다. 한 자매가 부잣집 딸로 부족함을 모르고 살다가 부모님의 간섭이 싫어서 당당하게 집을 나와 홀로서기를 했지만 가난이 너무나 버거워서 1년 만에 다시 집으로 돌아갔다고 합니다. 이처럼 좋은 환경에 있다가 나쁜 환경에 적응하는 것은 말처럼 쉬운 일은 아닙니다. 그러나 사도 바울은 오히려 복음을 위해, 예수 그리스도를 위해 고난을 기꺼이 감수했습니다.

> 그들이 그리스도의 일꾼이냐 정신없는 말을 하거니와 나는 더욱 그러하도다 내가 수고를 넘치도록 하고 옥에 갇히기도 더 많이 하고 매도 수없이 맞고 여러 번 죽을 뻔하였으니 유대인들에게 사십에서 하나 감한 매를 다섯 번 맞았으며 세 번 태장으로 맞고 한 번 돌로 맞고 세 번 파선하고 일주야를 깊은 바다에서 지냈으며 여러 번 여행하면서 강의 위험과 강도의 위험과 동족의 위험과 이방인의 위험과 시내의 위험과 광야의 위험과 바다의 위험과 거짓 형제 중의 위험을 당하고 또 수고하며 애쓰고 여러 번 자지 못하고 주리며 목마르고 여러 번 굶고 춥고 헐벗었노라 고린도후서 11:23-27

우리에게 믿음이 있다면 고난을 두려워하지 말아야 합니다. 또한 자신의 약점에 대해 너무 집착하거나 낙심하지 말아야 합니다. 누구나 약점이 있습니다. 그러나 믿음은 이 모든 것을 이기게 합니다.

사도 바울은 예수 그리스도의 위대한 사도였습니다. 그는 천국을 다녀

오는 신령한 체험도 했습니다. 수많은 병자를 고치고, 죽은 자를 살리기도 했습니다. 하지만 이러한 사도 바울에게도 육체를 찌르는 가시가 있었습니다. 이 가시가 무엇이었는지 성경에서는 언급하고 있지 않습니다. 어떤 사람은 간질병이 있었을 것이라고 추측하기도 하고, 안질 곧 눈병이었을 것이라고 말하기도 합니다. 마르틴 루터Martin Luther는 사탄의 공격이 그의 가시였다고 했고, 장 칼뱅Jean Calvin은 바울을 끝까지 따라다니며 돌을 던지고 죽이려 했던 유대주의자들과 이단자들이 그의 가시였다고 해석했습니다. 무엇이든 그 가시는 사도 바울에게 어떤 것보다도 큰 고통을 주었습니다. 그래서 그는 가시를 제거해 달라고 세 번이나 간절히 간구했습니다. 그런데 그때 주님께서 이같이 말씀하셨습니다.

나에게 이르시기를 내 은혜가 네게 족하도다 고린도후서 12:9

바울은 그때 가시의 의미를 깨닫게 되었습니다. 자기가 지금까지 고통스럽게 생각하던 가시 덕분에 자신에게 은혜가 임한다는 사실을 알게 된 것입니다. 원래 사랑하는 자녀에게는 훈련이 가혹한 법입니다. 정말 사랑하면 적당히 넘어갈 수 없기 때문입니다.

미국의 석유왕 존 록펠러John Rockefeller가 얼마나 큰 부자였습니까? 돈이 얼마나 많았습니까? 그럼에도 그는 아들을 어릴 때부터 철저하게 훈련시켰습니다. 맨해튼 은행 총재가 된 그의 아들은 자신이 어릴 때 아버지로부터 받았던 훈련이 얼마나 완고했는지를 이야기했습니다. 록펠러는 아들에게 한 주에 25센트씩 용돈을 주었다고 합니다. 우리 돈으로 약 400원씩 주었던 것입니다. 그리고 아들에게 25센트의 용돈 중 10센트는 무조건 교회에 기부하고 나머지 15센트는 용돈으로 사용하되 어떻게 썼는지 기록하도록 했습니다. 그러고는 토요일 저녁마다 돈을 어떻게 썼는지 지출 내역을 일일이 검토했습니다. 검토한 후 잘 사용했으면 5센트를 더 주고 잘못 사용했으면 용돈에서 5센트를 줄였다고 합니다.

록펠러가 돈이 없어서 그런 것이 아닙니다. 아들을 사랑하기 때문이었습니다. 그래서 누구보다도 더 강하고 엄격하게 경제관을 심어 주는 훈련을 했던 것입니다.

하나님께서 사도 바울을 사랑하셨던 것도 이와 같은 아버지의 사랑이었습니다. 사랑하셨기 때문에 그를 셋째 하늘로 이끌고 가셔서 그 나라의 모습을 모두 보여 주셨고고후 12:1-4, 사랑하셨기 때문에 그가 교만해질 것을 염려하여 그의 몸에 가시를 주신 것입니다. 사도 바울에게 가시는 낮아질수록 임하는 예수님의 생명과도 같았습니다.

> 이는 내 능력이 약한 데서 온전하여짐이라 하신지라 그러므로 도리어 크게 기뻐함으로 나의 여러 약한 것들에 대하여 자랑하리니 이는 그리스도의 능력이 내게 머물게 하려 함이라 그러므로 내가 그리스도를 위하여 약한 것들과 능욕과 궁핍과 박해와 곤고를 기뻐하노니 이는 내가 약한 그때에 강함이라 고린도후서 12:9-10

이러한 사실을 깨달은 사도 바울은 더는 가시의 고통을 호소하지 않고 오히려 그 가시를 기뻐하게 되었습니다. 그뿐만 아니라 자신의 약함을 자랑했습니다. 약할 때 오히려 그리스도의 능력이 자기를 통해서 더욱더 온전하게 나타난다는 사실을 알았기 때문입니다. 사도 바울은 절대 긍정의 믿음으로 자신의 약함을 통해 주님께 영광을 올려 드렸습니다. 참으로 위대한 신앙인의 모습이 아닐 수 없습니다. 그때부터 사도 바울은 '자신의 약점을 자랑하는 사람'으로 변화되었습니다. 고린도후서 12장 9절 하반절을 보면 사도 바울이 "이는 그리스도의 능력이 내게 머물게 하려 함이라"고 고백하고 있습니다. 이는 그가 약점을 통해 역사하는 하나님을 알게 되었기 때문입니다.

성공한 사람들의 이야기를 읽어 보면 공통점이 발견됩니다. 성공하는 사람에게도 약점은 많지만, 그 약점들을 극복했다는 것입니다. 성경에서 하나님께서 사용하신 사람들만 보아도 이러한 사실을 알 수 있습니다. 그들은 완전한 사람이 아니었습니다. 그들은 살인자였고 간음한 죄인이었습니다. 그러나 하나님께서는 약점이 있는 그들을 불러서 당신의 능력을 나타내셨습니다. 하나님께서는 우리의 약점을 통해서도 역사하시기를 원하십니다.

영국의 청교도 가운데 한 사람이었던 존 번연John Bunyan의 『천로역정』은 워낙 유명해서 대부분의 사람이 읽어 보았거나, 들어 보았을 것입니다. 존 번연은 비국교회파와 국교회파의 갈등의 골이 깊던 1660년대에 허가증 없이 공공연하게 설교하다가 체포되었습니다. 이후 그는 장장 12년 동안 감옥에 갇혀 있었습니다. 감옥에서의 일상은 매우 힘들었습니다. 그뿐만 아니라 그는 감옥 생활을 하는 중에 사랑하는 아내 메리를 잃었고, 그의 세 자녀는 창졸간에 고아 처지가 되었습니다. 얼마나 비참한 일입니까. 존 번연은 고통 중에 하나님께 울부짖으며 기도를 드렸습니다. 그때 하나님께서 그에게 세 차례나 같은 음성을 들려주셨습니다.

"너는 글을 써라. 나는 너에게 글 쓰는 달란트를 주었단다."

존 번연은 이 음성과 함께 주님의 나라를 향해 걸어가는 한 사람의 환상을 보고 글을 쓰기 시작했습니다. 그러자 지긋지긋하던 감옥 생활도 천국처럼 여겨졌습니다. 그는 매일 하나님의 말씀을 묵상하는 가운데 하나님과 깊은 영적 교제를 나눌 수 있었습니다. 이러한 과정에서 탄생한 『천로역정』은 그가 설교를 하며 복음을 전할 때보다도 오히려 훨씬 더 많은 사람을 하나님께로 인도하였습니다.
　이처럼 우리가 고통과 고난으로 약해졌을 때 하나님의 은혜로 오히려 더 크고 더 강한 힘을 발휘할 수 있습니다.

> 우리의 연수가 칠십이요 강건하면 팔십이라도 그 연수의 자랑은 수고와 슬픔뿐이요 신속히 가니 우리가 날아가나이다 시편 90:10

　우리의 인생에는 항상 시련과 환난, 가난과 실패를 빼놓을 수가 없습니다. 그러나 우리 삶에 역사하시는 예수 그리스도를 의지하고 믿음으로 나아갈 때 우리는 승리할 수 있습니다. 환경을 극복하고 이기는 신앙생활을 통해서 성숙한 믿음을 소유한 능력 있는 그리스도인이 될 수 있습니다. 우리는 예수님 한 분만으로 만족할 수 있는 성숙한 믿음의 자리로 나아가서 수많은 사람을 빛으로 인도해야 합니다. 그렇게 하기 위해서는 하박국 선지자가 고난 중에 주님께 드렸던 감사를 기억해야 합니다.

> 비록 무화과나무가 무성하지 못하며 포도나무에 열매가 없으며 감람나무에 소출이 없으며 밭에 먹을 것이 없으며 우리에 양이 없으며 외양간에 소가 없을지라도 나는 여호와(야훼)로 말미암아 즐거워하며 나의 구원의 하나님으로

### 말미암아 기뻐하리로다 하박국 3:17-18

　세계적인 패스트푸드 체인점인 KFC(Kentucky Fried Chicken)의 창업주 커넬 샌더스(Colonel Sanders)는 여섯 살에 아버지를 잃고, 아버지 대신 생계를 꾸려 나가시던 어머니와 어린 두 동생과 함께 살았습니다. 샌더스는 열 살의 어린 나이에 농장에서 일해야 했으며, 열두 살 때에는 어머니의 재혼으로 고향을 떠나서 닥치는 대로 일해야 했습니다. 성인이 되어 안정적인 삶을 살던 그는 65세에 은퇴하여 매달 사회보장금으로 105달러씩 받으며 살고 있었습니다. 그러던 어느 날, 그는 가진 돈을 몽땅 털어서 산 압력 밥솥을 자신의 낡은 트럭에 싣고 길을 떠났습니다. 그동안 레스토랑을 운영하며 꾸준히 개발해 온 독특한 치킨 조리법을 팔아 보기 위해서였습니다. 샌더스는 식당 주인을 찾아가 치킨 조리법을 공개하는 대신 닭 한 마리가 팔릴 때마다 조리법 사용료를 달라는 조건을 제시했습니다. 그러나 행색이 허름한 노인에게 사용료를 지급하면서 조리법을 사 줄 식당 주인은 없었습니다. 샌더스는 무수히 많은 식당으로부터 거절을 당했습니다. 그가 거절당한 횟수만 해도 1,000번이 넘었다고 합니다. 하지만 샌더스는 포기하지 않았습니다. 그는 트럭에서 잠을 자고 주유소 화장실에서 면도하면서 자신의 소중한 꿈을 펼치기 위해 미국 전역을 돌아다녔습니다. 그러다가 마침내 1,009번째 식당에서 그가 제시한 조건을 받아들였습니다. 만약 그가 1,000번째에 포기하고 집으로 돌아갔더라면 지금의 KFC는 존재하지 않았을 것입니다. 마침내 그의 고난이 빛을 발해 계약을 체결하는 식당이 점점 늘어났으며, 전 세계 100여 개국 3만여 점포라는 거대한 꽃을 피워 냈습니다.

　이처럼 고난은 인생을 새로운 세계로 안내합니다. 또한 우리의 약함은 고난을 극복하기 위한 원동력이 되기도 합니다. 그러므로 약함도 힘이라고 말할 수 있습니다. 약함은 창조적 에너지를 만들어 내는 힘입니다. 그러므로 우리에게 있는 가시는 주님께서 우리에게 주시는 기쁨의 통로요, 능력의 통로입니다.

시편 119편 71절을 보면 "고난당한 것이 내게 유익이라 이로 말미암아 내가 주의 율례들을 배우게 되었나이다"라고 말씀하고 있습니다. 우리는 심히 약하지만 우리 주님의 능력은 강하고 위대합니다. 그렇기 때문에 우리 육체에 가시가 돋았을 때 낙심할 것이 아니라 오히려 우리를 은혜의 자리로 인도하시기 위한 사랑의 가시라는 것을 기억하고 감사해야 합니다. 하나님을 원망할 것이 아니라 하나님의 능력을 의지해야 합니다. 그럴 때 사도 바울처럼 "가시마저도 하나님의 은혜가 담겨 있다"고 고백할 수 있게 되는 것입니다.

## 예수님 안에 머물라

내게 능력 주시는 자 안에서 내가 모든 것을 할 수 있느니라 빌립보서 4:13

사도 바울이 괴로움과 궁핍, 심지어는 죽음의 위협 속에서도 자족하며 인내할 수 있었던 능력의 원천은 바로 예수 그리스도였습니다. 그렇기 때문에 '내게 능력 주시는 자 안에서' 즉, '그리스도 예수 안에서' 모든 것을 할 수 있다고 고백한 것입니다.

바울의 신학에서 가장 중요한 것은 '예수 안에서'엔 크리스토입니다. 신약성경에는 160회 이상 '예수 안에서', '주 안에'라는 말이 언급되어 있고, 빌립보서에는 '그리스도 예수', '예수 그리스도'라는 말이 정확하게 47회 언급되어 있습니다. 이것은 곧 그리스도 예수 안에 기쁨이 있고, 그리스도 예수 안에 은혜가 있다는 말입니다.

사도 바울은 감옥이라는 고통스러운 환경 속에서도 행복해할 수 있는 이유 또한 그리스도 예수가 자기 안에 가득하기 때문이라고 이야기했습니다. 그리스도 예수가 자신에게 어떤 은혜를 주셨고 어떻게 붙들어 주셨는지 알기 때문에 고난 중에도 기뻐할 수 있다는 것입니다. 예수님의 영으로 충만한 사람은 언제나 기쁨이 충만할 수 있습니다. 예수님만이 우리가 이 땅에서 안식을 누릴 수 있는 통로가 되기 때문입니다.

사도 바울은 어떠한 형편에서든지 늘 예수님 한 분만을 바라보았습니다. 비천에 처할 때에도 자신의 비천함을 바라보지 않았습니다. 풍부에 처할 때에도 풍부함을 바라보지 않았습니다. 오직 예수님만 바라보면서 주님이 주시는 힘으로 모든 환경을 극복했습니다.

헨리 나우웬Henri Nouwen은 그의 책 『여기 지금 우리와 함께 하시는 하나님』Here and Now에서 이렇게 말했습니다.

> "기쁨은 행복과 같은 것이 아니다. 우리는 많은 일에 불행할 수 있으나, 거기에서도 여전히 기쁨은 있을 수 있다. 왜냐하면 그 기쁨은 우리를 사랑하신 하나님의 사랑을 아는 것으로 말미암은 것이기 때문이다."

비천할 때 자신의 비천함을 바라보면 낙심하기 쉽습니다. 또 반대로 풍부할 때 자신의 풍부함을 바라보면 교만해지기 쉽습니다. 그러므로 우리는 자신이 처한 여건과 환경을 바라보지 말아야 합니다. 모든 환경을 주관

하시는 예수님만 바라보아야 합니다. 그럴 때 주님께서 주시는 능력으로 모든 환경을 극복할 수 있습니다.

마태복음 14장 28절부터 30절을 보면 바다 위로 걸어오신 예수님을 따라 자신도 바다 위로 걷고자 한 베드로의 이야기가 나옵니다. 처음 베드로가 예수님을 바라볼 때는 바다 위로 잘 걸어갔습니다. 그러나 바람이 불어 풍랑이 일자 그는 파도를 바라보았고, 순간 그는 몸의 균형을 잃고 바다에 빠져 버렸습니다. 예수님을 보는 중에는 풍랑이 보이지 않아 두려울 것이 없었지만 눈을 돌려 주변을 보니 그의 마음에 두려움이 생겼기 때문입니다. 이것은 우리가 어떤 형편에 처해 있든지 예수님을 바라보아야 한다는 것을 확실히 보여 주고 있습니다.

우리는 어제나 오늘이나 영원토록 변함없으신 예수님 한 분을 바라보며 살아야 합니다. 그럴 때 우리는 모든 환경을 이겨 낼 수 있습니다. 우리가 예수님 안에 거하고 예수님이 우리 안에 거하시는데 어떤 풍랑이 감히 우리를 넘어뜨릴 수 있겠습니까. 우리가 예수님 안에서 보호받는 삶을 살고 있으면 그 무엇도 우리를 넘어뜨릴 수 없습니다.

> 우리가 사방으로 욱여쌈을 당하여도 싸이지 아니하며 답답한 일을 당하여도 낙심하지 아니하며 박해를 받아도 버린 바 되지 아니하며 거꾸러뜨림을 당하여도 망하지 아니하고 우리가 항상 예수의 죽음을 몸에 짊어짐은 예수의 생명이 또한 우리 몸에 나타나게 하려 함이라 고린도후서 4:8-10

우리에게 능력을 주시는 분은 하나님이십니다. 이 하나님은 전능하시며 천지를 만드신 분이십니다. 그분은 우리를 지극히 사랑하셔서 우리가 풍성한 삶을 살기를 누구보다 원하시는 분이십니다. 고난 중에서도 찬송할 수 있는 능력, 배부름과 배고픔과 풍부와 궁핍에 처할 줄 아는 일체의 비결을 배우는 능력, 이것이 그리스도의 능력입니다. 우리는 할 수 없으나 우리가 주님의 능력 안에 있을 때 주님께서 일하십니다. 주님 안에서 주님만을 믿고 의지하며 나아가면 우리는 모든 것을 할 수 있습니다. 모든 것을 할 수 있게 하시는 이는 주님이십니다.

마가복음 9장을 보면, 예수님께서 세 제자와 함께 변화산에 올라가신 사이에 한 아버지가 간질에 걸린 아들을 데리고 제자들에게 나왔습니다. 남아 있던 아홉 명의 제자들이 모두 그 아이에게 달려들어 집중적으로 안수 기도하였으나 고치지 못했습니다. 그후 예수님께서 산에서 내려오시자, 기다리고 있던 그 아버지가 아들을 데리고 예수님께로 나왔습니다. 그때 간질 걸린 아이는 땅에 엎드러져 거품을 흘리며 경련을 일으키기 시작했습니다. 예수님께서는 그 아버지에게 "언제부터 이렇게 되었느냐?"고 물으셨습니다. 그러자 그 아버지는 애끊는 심정으로 "어릴 때부터니이다 귀신이 그를 죽이려고 불과 물에 자주 던졌나이다 그러나 무엇을 하실 수 있거든 우리를 불쌍히 여기사 도와주옵소서"막 9:21-22라고 대답했습니다. 그런데 이 말에 예수님께서 강하게 책망하셨습니다.

> 예수께서 이르시되 할 수 있거든이 무슨 말이냐 믿는 자에게는 능히 하지 못할 일이 없느니라 하시니 마가복음 9:23

그러자 곧 그 아이의 아버지가 소리를 지르며 "내가 믿나이다 나의 믿음 없는 것을 도와주소서"막 9:24라고 했습니다. 그때 예수님께서는 그 아이 아버지가 주님의 능력을 의지하는 믿음을 보시고 아들의 간질을 고쳐 주셨습니다.

우리도 하나님의 능력으로 문제가 해결되기를 원한다면 하나님의 능력을 더욱 의지해야 합니다. 삶이 궁핍하고 공급이 중단된 것처럼 보이고 비천에 처한 것 같은 그때에 낙심하거나 원망, 불평으로 시간을 낭비해서는 안 됩니다. 절대로 절망하거나 자기 연민에 빠지지 말아야 합니다. 안 된다고 포기하지 말아야 합니다. 도리어 그것을 자족하는 법을 배우는 기회로 삼아야 합니다. 하나님의 훈련임을 깨닫고 무사히 통과하기 위해 더욱 주님만을 바라봐야 합니다.

> 하나님이 능히 모든 은혜를 너희에게 넘치게 하시나니 이는 너희로 모든 일에 항상 모든 것이 넉넉하여 모든 착한 일을 넘치게 하게 하려 하심이라
>
> 고린도후서 9:8

이 시대는 참으로 기뻐하기 어려운 시대입니다. 갈수록 사회가 혼란스럽고 정치와 경제, 생활의 고통지수는 높아져만 가는 것 같습니다. 그러나 이러한 환경에서도 우리는 넉넉한 즐거움을 영위해야 합니다. 날마다 스스로 낮아짐으로 우리 안에서 모든 착한 일을 넘치게 하시는 주님의 능력으로 살아가야 합니다.

북미 코스타KOSTA 공동 대표이며 미국 오하이오 주 신시내티대학교의 전자공학과에 재직중인 안종혁 교수는 미국에서 주목받고 있는 과학자이며, 유학생들에게 주님의 복음을 전하는 복음 증거자이기도 합니다.

안종혁 교수는 형편이 어려운 집에 태어났습니다. 게다가 그의 어머니

는 28세의 젊은 나이에 과부가 되었습니다. 그러니 삶이 얼마나 힘들었을지 상상이 됩니다. 그는 청년 시절을 방직 공장의 전기공으로 보내야 했습니다. 그 가난과 절망의 시기에 어머니가 그에게 항상 당부하는 것이 하나 있었습니다.

"아들아, 예수님을 잘 믿어야 한다. 예수님을 믿으면 마음이 평안하다. 예수님께 모든 문제를 맡겨라. 그러면 하나님께서 축복해 주신다."

어머니의 이러한 권면과 기도 덕분인지 안종혁 교수는 자연스럽게 신앙생활을 할 수 있었습니다. 그러던 어느 날 그는 마태복음 11장 28절부터 30절을 읽다가 은혜를 받았습니다.

> 수고하고 무거운 짐 진 자들아 다 내게로 오라 내가 너희를 쉬게 하리라 나는 마음이 온유하고 겸손하니 나의 멍에를 메고 내게 배우라 그리하면 너희 마음이 쉼을 얻으리니 이는 내 멍에는 쉽고 내 짐은 가벼움이라 하시니라
> 마태복음 11:28-30

**안종혁 교수는 그때의 심경을 이렇게 고백했습니다.**

"말씀을 읽을수록 눈물이 나고 무거운 인생의 짐을 예수님께 맡기고 싶어졌습니다. 서서히 짐을 내려놓자 평안이 나를 감싸기 시작했습니다. 여전히 현실의 짐은 무거웠고, 아니 오히려 더 무거워졌습니다. 그러나 나의 짐은 물론이고 멍에까지 메고 앞장서시는 예수님 앞에서 나는 서서히 무너지고 있었습니다."

그는 수많은 환난과 어려움 속에서도 그 모든 것을 믿음으로 극복할 수 있었습니다. 미국 유학 시절에는 박사 학위의 최종 관문에 해당하는 시험에 무려 네 차례나 떨어졌으나 결국 하나님 안에서 모든 과정을 마칠 수 있었고, 대학 교수가 되는 꿈도 이루게 되었습니다. 수많은 역경을 이겨 낸 그는 다음과 같이 고백했습니다.

"불안할 때 세상을 이기신 주님이 내 편이라는 사실을 믿는 것보다 더 큰 힘과 위로가 되는 것은 없습니다. 방직 공장의 전기공이었던 내가 하나님의 은혜로 미국 주립대학교의 전자공학과 교수가 된 것은 하나님의 계획과 간섭하심이 아니고는 설명할 길이 없습니다. 세상을 이기신 주님을 의지했더니 주님의 승리가 나의 승리가 되었습니다."

지금 우리 앞에 놓여 있는 현실이 아무리 어렵고 힘들어도 그 힘든 현실 뒤에서 펼쳐지고 있는 하나님의 은혜는 항상 우리의 상상을 뛰어넘는다는 것을 기억해야 합니다. 우리에게 늘 넘치는 은혜를 주신다고 약속하신 좋으신 하나님을 믿고 매일매일 즐겁고 기쁜 마음으로 살아갈 때 우리는 모든 것을 넉넉히 이길 수 있습니다. 이것이 바로 그리스도인이 구해야 할 기쁨의 능력입니다.

*너는 내게 부르짖으라 내가 네게 응답하겠고 네가 알지 못하는 크고 은밀한 일을 네게 보이리라* 예레미야 33:3

## Chapter 01
# 기쁨의 비결

우리의 인생에는 항상 시련과 환난이 다가옵니다. 그러나 우리는 어떠한 경우에도 원망과 불평을 하지 말아야 합니다. 절대 긍정의 믿음으로 현재 우리에게 주어진 하나님의 은혜에 절대 감사하는 삶을 살아야 합니다. 우리에게 늘 넘치는 은혜를 주시는 하나님을 믿고 매일매일 즐겁고 기쁜 마음으로 살아갈 때, 우리는 모든 것을 넉넉히 이길 수 있습니다. 이것이 바로 그리스도인만이 누릴 수 있는 기쁨의 비결입니다.

### 묵상
부족하고 연약한 나에게 늘 넘치는 은혜를 베푸시는 좋으신 하나님에 대해 묵상해봅시다.

### 적용
오늘 하루 동안에 하나님이 내게 주신 은혜들을 노트에 정리하고 하나님께 감사 기도를 드립시다.

# Chapter 02

# 염려는 세상에 속한 것이다

　인간은 행복을 추구하며 살아가는 존재입니다. 누구나 행복하게 살기를 원하지만 모든 사람이 행복한 것은 아닙니다. 그렇다면 참된 기쁨과 행복은 어디에서 오는 것일까요?

　세상의 모든 것은 있다가도 없어지고 없다가도 다시 생기곤 합니다. 영원히 지속하는 것은 이 세상에 아무것도 없습니다. 오직 하나님의 사랑만이 영원히 변치 않습니다. 우리가 하나님의 사랑 안에 거할 때 참된 행복을 누리며 살아갈 수 있고, 복의 근원 되신 하나님을 마음에 모실 때 참된 기쁨을 누릴 수 있습니다.

　우리는 다른 피조물과는 달리 하나님의 형상으로 지음 받았기에 하나님으로만 참된 기쁨을 누릴 수 있는 존재입니다. 그래서 제아무리 세상에서 돈, 명예, 권력을 가지고 선행을 쌓아도 하나님 없이는 참된 만족을 누릴 수 없습니다. 반대로 세상에 속한 모든 욕심을 버리고 욕망을 잠재워도 그 공허함은 채워질 수 없습니다. 하나님께서는 오직 자신의 아들인 예수 그리스도를 믿는 자에게만 하늘나라를 유업으로 주셨습니다. 그러므로 우리가 예수님을 붙잡을 때에만 비로소 참된 만족을 누릴 수 있는 것입니다. 히브리서 기자는 우리에게 큰 대제사장 되신 예수님을 온전히 붙잡으라고 말하고 있습니다 히 4:14. 또한 예수님께서도 "너희는 먼저 그의 나라와 그의 의를 구하라 그리하면 이 모든 것을 너희에게 더하시리라" 마 6:33고 말씀하십니다.

## 하나님의 섭리를 바라보라

우리는 삶을 둘러싼 여러 가지 어려움 때문에 두려움에 휩싸여서 하나님 나라의 통로인 예수님을 잊어버리고 무엇을 먹을까 무엇을 입을까 염려하며 살아갈 때가 많습니다. 주님께서는 우리를 향하여 "아무것도 염려하지 말라" 빌 4:6고 말씀하셨습니다. 그러나 우리가 이 세상을 살아가면서 염려로부터 완전히 자유롭기란 여간 어려운 일이 아닙니다. 나 자신도 모르게 어쩔 수 없이 의식주와 관련된 다양한 어려움에 직면하게 됩니다. 하지만 이러한 염려는 세상적인 것으로서, 우리에게 전혀 유익을 가져다주지 못합니다.

> 너희 중에 누가 염려함으로 그 키를 한 자라도 더할 수 있겠느냐 마태복음 6:27

염려는 무익할 뿐만 아니라 우리에게 해로움을 가져다줍니다. 우리를 낙심과 절망에 빠지게 하고 때로는 질병으로 몰고 가기도 합니다.

> 마음의 즐거움은 양약이라도 심령의 근심은 뼈를 마르게 하느니라 잠언 17:22

염려가 다가올 때 우리가 반드시 기억해야 할 것이 있습니다. 그것은 우리가 하나님의 자녀라는 사실입니다. 하나님께서 우리의 아버지가 되셔서 우리를 친히 돌보고 계시기 때문에 우리는 전혀 염려할 필요가 없습니다.

> 그러므로 염려하여 이르기를 무엇을 먹을까 무엇을 마실까 무엇을 입을까 하지 말라 이는 다 이방인들이 구하는 것이라 너희 하늘 아버지께서 이 모든 것이 너희에게 있어야 할 줄을 아시느니라 마태복음 6:31-32

성경은 의식주에 대한 걱정은 하나님을 믿지 않는 이방인들이 하는 것이지, 하나님의 자녀는 그런 염려를 할 필요가 없다고 말씀하고 있습니다. 하나님은 우리의 모든 필요를 다 알고 계시며, 우리를 먹이시고 입히시고 돌보시는 분입니다.

하나님은 심지어 까마귀를 통해서도 우리의 필요를 채우십니다. 열왕기상 17장 6절을 보면, 엘리야 선지자가 광야로 피신하여 그릿 시냇가에 숨어 있을 때 하나님은 까마귀를 통하여 엘리야에게 먹을 것을 공급해 주셨습니다.

예수님께서도 "공중의 새를 보라 심지도 않고 거두지도 않고 창고에 모아들이지도 아니하되 너희 하늘 아버지께서 기르시나니 너희는 이것들보다 귀하지 아니하냐" 마 6:26라고 하셨고, "오늘 있다가 내일 아궁이에 던져지는 들풀도 하나님이 이렇게 입히시거든 하물며 너희일까보냐 믿음이 작은 자들아" 마 6:30라고 말씀하셨습니다.

우리는 공중의 새나 작은 들풀과는 비교할 수 없을 만큼 귀한 존재입니다. 왜냐하면 우리는 하나님의 형상으로 창조되었고 예수 그리스도의 피로 값 주고 사신 바 되었기 때문입니다. 하나님이 우리를 이처럼 존귀한 자로 여기고 계시기 때문에 우리는 무엇을 먹을까 무엇을 마실까 무엇을 입을까 걱정할 이유가 전혀 없는 것입니다.

그러므로 우리가 어려움을 만날 때 가져야 할 것은 염려가 아닌 믿음입니다. 하나님 아버지께서 우리와 함께하시고 우리를 돌보고 계신다는 것을 믿어야 합니다. 그리고 우리가 구해야 할 모든 것을 감사함으로 하나님께 아뢰어야 합니다빌 4:6. 그리하면 우리의 모든 필요를 다 아시는 하나님께서 부족함이 없도록 넘치게 채워 주실 것입니다빌 4:19.

요셉은 하나님의 섭리 가운데 있는 자신을 바라보았습니다. 그래서 그는 어려움 속에서도 절망하지 않을 수 있었습니다. 자신을 노예로 팔아 버린 형들이나, 자신을 유혹하고 모함하여 옥살이를 하게 만든 보디발의 아내에게 복수하지 않았습니다. 하나님의 약속을 믿으며 그저 열심히 일했습니다. 노예로도 열심히 일하여 가정 총무가 되었고, 감옥에서도 열심히 일하여 죄수들의 총무가 되었으며, 마침내는 한 나라의 총리까지 되었습니다. 요셉에게는 노예로 팔린 것도, 감옥에 갇힌 것도 결국 그가 꿈꾸고 믿은 대로 이루어지는 과정이요, 영광에 이르는 길이 되었던 것입니다. 우리는 요셉을 통해서 모든 것이 주님의 뜻 가운데 아름답게 이루어지게 됨을 확실히 믿는 것이 얼마나 중요한지를 알아야 합니다.

하나님 안에서 어느 것 하나 계획되지 않거나 무의미한 것은 없습니다. 인생에는 좋은 일도 있고 그렇지 않은 일도 있습니다. 그런데 하나님께서는 우리에게 일어나는 모든 일이 합력하여 선을 이루게 하십니다.

> 우리가 알거니와 하나님을 사랑하는 자 곧 그의 뜻대로 부르심을 입은 자들에게는 모든 것이 합력하여 선을 이루느니라 로마서 8:28

『조엘: 세상에서 가장 아름다운 사람』의 저자 조엘 소넨버그Joel Sonnenberg는 1979년에 고속도로에서 뺑소니 연쇄 추돌 사고로 전신 3도의 화상을 입었습니다. 당시 생후 20개월에 불과했던 그는 자동차 안에서 말 그대로 숯덩이가 되었습니다. 의사들은 구급차에 실려 온 조엘을 보고 '생존 확률 10퍼센트'라는 진단을 내렸습니다. 모두 그가 살지 못할 것이라며 안타까워했습니다. 하지만 조엘은 모두의 예상을 뒤엎고 기적적으로 살아났습니다.

그러나 사고 후 그의 삶은 처참하기 그지없었습니다. 수술만 50여 차례, 길고 고통스러운 병원 생활을 어떻게 말로 표현할 수 있을까요? 한두 차례의 수술을 겪는 것도 큰 고통인데, 조엘은 무려 50여 차례의 수술을 겪으며 길고 힘든 병원 생활을 견뎌 냈습니다. 조엘에게 어린 시절은 병원에서 보낸 기억밖에 없었지만, 그는 언제나 희망과 꿈을 잃지 않았습니다. 그 덕분에 손가락도 발가락도 없는 조엘은 초등학교에 들어가서 축구와 농구 선수로 활약했고, 중·고등학교 때에는 산악자전거와 클레이 사격 선수로 유명세를 탔습니다. 그뿐만 아니라 대학에까지 진학하게 되었습니다.

그가 미국 테일러대학교를 졸업하고 신학교에서 석사 과정을 마친 뒤 전 세계에 희망의 메시지를 선포하고 다니던 중, 어린 시절 자신을 그렇게 만들고 도주했던 트럭 운전사가 체포돼 법정에 출두하게 되었습니다. 그때 조엘은 가해자를 흔쾌히 용서하며 이렇게 말했습니다.

"저는 증오심으로 인생을 허비하지 않을 것입니다. 증오는 또 다른 고통을 낳습니다. 대신, 저는 하나님의 은혜 안에 있는 무한한 사랑에 감싸여 살아갈 것입니다. 저는 가해자를 용서합니다. 그리고 제 외모에 대해 손가락질하는 세상도 기쁨으로 용서합니다."

조엘의 이야기를 다룬 미국 CBS TV의 다큐멘터리 〈퍼블릭 아이〉Public Eye는 에미상을 수상했습니다. 조엘은 '장애는 하나님의 선물'이라며 이렇게 말했습니다.

"사람은 자신의 본분을 정확히 깨달으면 어떤 상황에서도 만족할 수 있습니다. 전 많이 빼앗겼지만 오히려 많은 것을 줄 수 있어 좋습니다. 사람들은 때로 실패와 손실을 경험합니다. 그러나 하나님께서는 우리가 잃는 것보다 반드시 더 많은 것을 주십니다. 오늘 저의 승리는 제가 대단해서도 아니고 제 가족이 대단해서도 아닙니다. 제 안에 계신 대단하신 하나님 때문입니다."

온갖 역경 속에서도 결코 희망과 믿음의 끈을 놓지 않고 살아왔던 조엘은 모진 고난 속에서도 역경을 넘어 희망을 발견했고, 그 희망의 메시지를 우리에게 전달하고 있습니다. 조엘은 고난의 한가운데에서도 오히려 '세상은 아름답고 장애는 하나님의 축복'이라고 역설하고 있습니다.

용서는 세상의 논리로 해석할 수 없으며, 하나님의 은혜에 속한 것입니다. 가해자도 용서하고 자신의 외모에 대해 손가락질하는 세상도 기쁨으로 용서한다는 조엘의 고백 속에서 우리는 예수 그리스도의 속죄의 은총을 받은 자가 누리는 참된 기쁨을 발견할 수 있습니다. 세상의 기쁨은 외모나 조건이 충족될 때 찾아온다고 하지만, 하나님의 자녀인 우리가 그리스도 안에서 누리는 참된 기쁨과 승리는 조엘의 고백처럼 우리 안에 계신 대단하신 하나님 때문에 가능한 것입니다.

따라서 우리는 더는 우리 앞에 놓인 문제를 보지 말고 그 문제를 통해 일하고 계신 하나님을 바라보아야 합니다. 하나님은 우리를 통하여 놀라운 일을 하고 계십니다. 그러므로 어떤 절망이 엄습해 와도 주님께서 우리를 가장 좋은 길로 인도하신다는 사실을 잊어서는 안 되며, 범사에 하나님의 영광을 나타내야 합니다. 이러한 삶이 그리스도인이 나타내야 할 참된 기쁨의 영성입니다.

## 하나님께 영광 돌려라

우리가 우리 삶의 주인일 때에는 결코 참된 기쁨과 행복을 누릴 수가 없습니다. 먼저 하나님 나라가 우리 삶에 이루어질 때만이 참된 기쁨과 참된 안식이 임합니다. 하나님의 나라는 하나님께서 홀로 다스리시는 나라, 홀로 영광 받으시는 나라입니다. 이러한 하나님의 나라가 우리 안에 임하면 하나님의 권능으로 말미암아 어둠이 물러가고 사탄이 쫓겨납니다. 질병이 치유되고 저주받은 환경이 복된 환경으로 변화됩니다. 성령님께서 우리 마음에 오셔서 우리를 다스리시면 성령 안에 있는 의와 평강과 희락이 우리 안에 넘쳐 나게 됩니다.

그런데 여기서 반드시 기억해야 할 것이 있습니다. 바로 하나님의 나라와 그의 의를 먼저 구해야 하는 것입니다. 그렇게 행할 때 하나님께서 우리의 모든 필요를 채워 주십니다.

> 그런즉 너희는 먼저 그의 나라와 그의 의를 구하라 그리하면 이 모든 것을 너희에게 더하시리라 마태복음 6:33

예수님께서는 제자들과 함께 유월절 식사를 하시면서 장차 당하실 고난과 다가올 세상의 핍박, 포도나무와 가지의 비유, 보혜사 성령의 사역에 관해 말씀하셨습니다요 14-16장. 그리고 먼저 자신을 위해서 이렇게 기도하셨습니다.

> 아들을 영화롭게 하사 아들로 아버지를 영화롭게 하소서 요한복음 17:1

예수님께서는 앞으로 있을 십자가의 고난을 이김으로 자신을 이 땅에 보내신 하나님의 뜻을 온전히 성취하고 아버지의 영광만이 온전히 드러날 수 있게 해달라고 기도하셨습니다. 예수님의 삶은 오직 하나님의 영광을 위한 삶이요, 하나님의 뜻을 이루기 위한 삶이었습니다. 십자가의 고난은 인류 구원을 위한 하나님의 뜻이었습니다. 즉, 하나님께서 그의 아들을 이 땅에 보내신 목적은 택한 백성에게 영생을 주시기 위함이었습니다. 하나님께서는 영생을 얻고 하나님의 자녀가 되는 데에 특별한 조건을 두지 않으셨습니다. 오직 예수님을 구주로 믿기만 하면 구원받고 하나님의 자녀가 되게 하셨습니다.

> 영접하는 자 곧 그 이름을 믿는 자들에게는 하나님의 자녀가 되는 권세를 주셨으니 요한복음 1:12

하나님은 이렇게 값으로 매길 수 없는 놀라운 은혜를 우리에게 거저 주셨습니다. 그러므로 이제 하나님의 자녀가 된 우리가 하나님의 영광을 위하여 살아야 하는 것은 마땅한 도리입니다.

> 내 이름으로 불려지는 모든 자 곧 내가 내 영광을 위하여 창조한 자를 오게 하라 그를 내가 지었고 그를 내가 만들었느니라 이사야 43:7

> 그런즉 너희가 먹든지 마시든지 무엇을 하든지 다 하나님의 영광을 위하여 하라 고린도전서 10:31

예수님은 아버지의 명령을 완수함으로 하나님 아버지께 영광을 돌리셨습니다.

> 아버지께서 내게 하라고 주신 일을 내가 이루어 아버지를 이 세상에서 영화롭게 하였사오니 요한복음 17:4

그 명령은 인류를 구원하기 위하여 인간의 몸으로 세상으로 가서 대속의 죽음을 당하는 것이었습니다. 예수님은 하나님의 뜻에 온전히 순종하셨습니다. 이 세상에 우리와 같은 육신을 입고 오셔서 구원 사역을 완성하셨습니다.

예수님께서 죄인에게는 용서를, 속박당한 자에게는 해방을, 죽어 가는 자에게는 영생을 주심으로 하나님의 뜻을 이루셨기 때문에 하나님께서 영화로움을 얻으셨습니다. 따라서 우리도 예수님처럼 하나님께 영광을 돌려야 합니다.

　하나님께 영광 돌리는 삶은 말로만 되는 것이 아닙니다. 지금 하나님께서 우리에게 행하라고 명령하시는 일을 구체적으로 행하는 것이 하나님을 영화롭게 하는 것입니다. 지금 하나님께서 행하라고 명령하시는 일이 있습니까? 가정에서 부모님을 위하여, 남편을 위하여, 자녀를 위하여 하나님께서 우리에게 명령하시는 일을 하는 것이 하나님께 영광을 돌리는 것입니다. 교회에서 성도로서, 집사로서, 권사로서, 장로로서, 목회자로서 하나님께서 명령하시는 일을 하는 것이 하나님께 영광을 돌리는 일입니다. 사회에서 그리스도인으로서 하나님이 명령하시는 일을 감당하는 것이 하나님께 영광을 돌리는 것입니다. 절망에 처한 자들에게 그리스도의 복음을 전하고 하나님을 자랑하는 것이 바로 하나님께 영광을 돌리는 것이며, 하나님 나라를 위해 사는 것입니다.

> 이같이 너희 빛이 사람 앞에 비치게 하여 그들로 너희 착한 행실을 보고 하늘에 계신 너희 아버지께 영광을 돌리게 하라 마태복음 5:16

　『히말라야 슈바이처』의 저자 강원희 선교사는 49세의 젊지 않은 나이에 의료 선교를 떠나 여든인 지금까지 의료 선교에 온 힘을 다해 헌신하고 있습니다. 강원희 선교사는 '하나님께 받은 은혜의 빚을 어떻게 갚으며 살까'라고 고민하다가 의료 선교를 떠나게 되었다고 합니다.

　세브란스의과대학 현 연세대학교 시절부터 무의촌 의료 봉사에 힘썼던 강원희 선교사는 1982년에 잘되던 병원을 정리하고 선교사라는 사명을 따라갔습니다. 처음에 네팔이라는 나라로 갔는데, 그 이유는 고故 한경직 목사의 권유 때문이었습니다. 강원희 선교사는 네팔에서 10년을 보낸 뒤, 방글라데시에서 4년, 스리랑카에서 4년, 에티오피아에서 7년을 보내며 약 30년간 의료 선교사로 봉사했습니다. 네팔에서는 자신의 피를 수혈해 가면서까지 환자를 살려내어, 이를 본 현지인들은 강원희 선교사를 '바제'[네팔어로 할아버지]라고 부르며 친할아버지처럼 따른다고 합니다. 강원희 선교사는 책을 통해 자신의 인생을 이렇게 말했습니다.

"수술이 끝난 다음 환자가 쇼크에 빠졌는데 수혈 가능한 피가 준비되어 있지 않았어요. 얼른 제 피를 뽑아서 검사해 보니 환자와 혈액형이 맞아서 두 병 400cc을 뽑아 줬죠. 때로는 너무 힘들어 '하나님, 데려가십시오'라고 기도하기도 하고, 현지인들에게 맞아 죽을뻔 하기도 했지만 행복한 인생을 살았어요."

신앙과 함께 강원희 선교사에게 힘이 되어 준 것은 늘 함께해 준 아내 최화순 권사였다고 합니다.

"연세대학교 간호대학을 졸업한 아내는 고아원 봉사를 열심히 하던 예쁜 간호사였습니다. 아내가 없었다면 저 혼자서는 못했을 거예요. 어려운 사람들에게 나눠 주는 마음이 저보다 더 나아요."

강원희 선교사는 60대까지만 해도 웬만한 산은 두 개씩 넘으며 의료 봉사를 다녔지만, 요즘은 산 하나도 못 넘는다고 하면서도 85세까지는 의료 봉사를 할 생각이라고 말합니다. 강원희 선교사는 "노인들도 자신의 달란트를 쓸 길이 얼마든지 있다"고 말하며, 의료 봉사가 끝나는 시점에는 또래 노인들과 함께 모임을 결성해 의미 있는 일을 찾아 사회에 봉사할 계획이라고 합니다. 주변에서 이제 그만 쉴 때가 되지 않았느냐는 권고를 들으면서도 강원희 선교사는 다시 네팔로 떠나면서 이렇게 고백했습니다.

> "하나님께서 저에게 날개 치는 독수리 같은 힘을 다시 주셨고, 지금 마음 같아서는 앞으로 10년은 족히 더 사역할 수 있을 것 같습니다. 하나님이 부르시는 그날까지 섬기는 삶을 살기 원합니다. 그렇게 섬기다가 그곳에서 하나님의 부르심을 받게 되겠지요. 살아도 천국이고, 부르시면 정말 천국에 가는 것이지요."

자신보다 하나님의 나라를 먼저 구한 강원희 선교사의 이야기와 비슷한 내용을 구약성경에서도 찾아볼 수 있습니다. 열왕기상 3장 4절에서 13절을 보면, 솔로몬이 하나님께 일천 번제를 드렸을 때 하나님께서 솔로몬의 꿈에 나타나셔서 "내가 네게 무엇을 줄꼬 너는 구하라"고 말씀하셨습니다. 이때 솔로몬은 자신을 위하여 장수하기를 원하거나 재물을 구하지 않았습니다. 백성의 송사를 듣고 분별하는 지혜를 구했습니다. 이것이 하나님의 마음에 들었습니다. 솔로몬이 하나님의 마음에 합한 것을 구하자, 하나님께서는 솔로몬이 구한 것은 물론 구하지 아니한 부귀와 영광까지 모두 주셨습니다.

우리가 하나님의 나라를 먼저 구하면 하나님께서 우리에게 필요한 모든 것을 더하여 주십니다. 그러므로 우리는 이 세상 그 어떤 것보다 하나님의 나라를 먼저 구하는 삶을 살아야 합니다. 하나님께 영광 돌리는 삶을 살아야 합니다. 그러면 우리 안에 하나님께서 주신 참된 기쁨이 흘러넘쳐서 영육이 강건한 삶을 살아가게 될 것입니다.

## 하나님이 먼저 되게 하라

우리는 마음속에 하나님의 나라가 임하기를 기도하고, 더 나아가 의의 옷을 입어야 합니다. 성경에서 말하는 의로움은 하나님 앞에 올바로 서 있는 것을 뜻합니다. 우리는 불의한 죄인이지만 예수님을 믿음으로 말미암아 죄 사함을 받았기 때문에 이제는 당당히 하나님 앞에 설 수 있게 되었습니다. 예수님을 믿음으로 하나님 앞에 의롭다고 인정을 받게 된 것입니다.

그러므로 이제는 하나님의 뜻에 순종하며 살아야 합니다. 자신의 뜻만 옳다고 주장하면 다툼이 생기게 마련입니다. 자신의 생각에 옳은 대로가 아니라 하나님 보시기에 옳은 것을 행하며 살아야 합니다. 우리는 하나님께서 보시기에 좋은 것, 하나님께서 인정하시는 것, 하나님께서 기뻐하시는 것, 하나님께서 원하시는 것을 따라서 살아야 합니다.

그러면 어떻게 하나님 보시기에 옳고 거룩한 삶을 살 수 있을까요? 그것은 진리인 하나님의 말씀을 우리 인생의 기준으로 삼을 때 가능해집니다. 시편 기자는 이렇게 고백했습니다.

> 주의 말씀은 내 발에 등이요 내 길에 빛이니이다 시편 119:105

하나님의 말씀은 우리가 어느 길로 향해야 하는지 가르쳐 줍니다. 거룩한 삶을 살도록 인도해 줍니다. 우리가 늘 말씀을 묵상하고 실천해야 하는 이유가 바로 여기에 있습니다. 사도 요한은 하나님의 말씀을 지킬 것을 강조했습니다.

> 이 예언의 말씀을 읽는 자와 듣는 자와 그 가운데에 기록한 것을 지키는 자는 복이 있나니 때가 가까움이라 요한계시록 1:3

우리가 말씀을 실천할 때, 그 말씀은 사탄이 빼앗을 수 없는 살아 있는 말씀이 됩니다. 우리가 말씀에 순종할 때, 세상과 구별된 삶을 살게 됩니다. 세상 안에 존재하면서도 세상과 다른 기준, 다른 가치관에 근거한 인생을 살 때 우리는 존재 그 자체로 세상에 도전과 감동을 주는 빛과 소금의 인생을 그려 나가게 됩니다. 그러므로 우리 마음속에 세상의 가치관이 아닌 하나님의 말씀이 살아 있어야 합니다. 그리고 이렇게 기도해야 합니다.

> "하나님의 말씀으로 하나님의 형상을 닮아 가게 하소서. 그리스도의 제자로 살아가게 하소서. 이기주의와 교만을 버리고 하나님 제일주의로 살게 하소서."

『래디컬』의 저자 데이비드 플랫David Platt이 담임하고 있는 브룩힐스교회는 현재 미국에서 빠른 속도로 성장하고 있는 대형 교회 중 하나입니다. 데이비드는 선교 여행 중 아시아의 비밀 지하교회들을 방문하면서 강한 도전과 충격을 받았다고 합니다. 그가 아시아의 한 지하교회를 방문했을 때 그곳 성도들은 잔인한 이단 단체의 위협 속에서 굳건히 신앙을 지키고 있었습니다. 그 이단 단체는 기독교인을 납치하고 고문하며 혀를 자르는 것쯤은 예삿일로 여기는 단체였습니다. 그런 상황 속에서도 지하교회 성도들은 자신은 물론 가족의 목숨까지 담보로 걸고 예수님을 믿고 있었습니다. 그러한 성도들로부터 성경 공부를 인도해 달라는 부탁을 받고 데이비드가 지하교회를 방문한 것입니다. 그런데 그곳 성도들이 얼마나 말씀을 사모하는지 성경 공부를 시작한 지 여덟 시간이 지났는데도 누구 한 사람 지친 기색을 보이지 않았습니다. 오히려 그날 성경 공부가 끝난 후 성도들은 구약 전체를 다 훑어 달라고 간곡히 부탁하면서 이렇게 말했습니다.

> "성경을 배울 수만 있다면 뭐든지 감수하겠습니다. 저희는 대부분 농부들이라 하루 종일 들판에서 일해야 합니다. 하지만 성경을 공부하기 위해서라면 두 주쯤 밭에 나가지 않아도 좋습니다."

데이비드는 차마 그 요청을 뿌리칠 수 없어서 그다음 날부터 열흘 동안 하루에 열두 시간씩 성경을 가르쳤다고 합니다. 그렇게 해서 구약을 다 마쳤는데, 한 사람이 "문제가 있습니다"라고 말하며 손을 번쩍 들더니 "구약은 잘 배웠는데 신약은 어떻게 하지요?"라고 묻더랍니다. 그 말에 모든 사람이 고개를 끄덕이는 것을 보고 데이비드는 선택의 여지없이 그로부터 열한 시간 동안 신약을 훑었다고 합니다.

당시 성경 공부를 했던 지하교회는 상황이 매우 열악했습니다. 좁다란 마룻바닥에 많은 성도가 의자도 없이 빼곡히 앉아 성경을 무릎에 올려놓아야 했고, 지붕이 낮아서 숨쉬기조차 어려웠으며, 냉난방 장치도 없었습니다. 조명이라고는 천장에 알전구 하나뿐이었습니다. 음향 기기도, 찬양 팀도 없었습니다. 이런 곳에서도 하나님의 말씀을 간절히 사모하는 그들을 보면서 데이비드는 '우리가 신앙의 근본적인 요소들을 잃어버리고 개인주의와 안락함에 물들어 있는 것은 아닐까?'라는 생각을 떨쳐 버릴 수 없었습니다.

데이비드는 스스로 이런 질문을 던져 보았습니다. '만약 우리 교회의 모든 편의 시설을 철거한다 해도 성도들이 한결같이 말씀을 사모하는 마음으로 몰려들까?' 이에 대한 답을 찾기 위해 데이비드는 미국으로 돌아와서 저녁 6시부터 밤 12시까지 여섯 시간 동안 오직 말씀만을 공부하는 모임인 '시크릿 처치'Secret Church를 만들었습니다. 첫 번째 모임이 있던 날 데이비드는 과연 몇 명이나 참석할지 궁금하기도 하고 불안하기도 했습니다. 그런데 그날 밤, 무려 1천여 명이 교회에 몰려들어 보조 공간까지 마련해야 했다고 합니다. 그 후 데이비드는 다음의 래디컬 실험을 통해 자신과 성도들의 삶이 완전히 바뀌었다고 고백했습니다.

① 전 세계를 위해 기도하라.
② 말씀 전체를 샅샅이 읽으라.
③ 의미 있는 곳에 쓰기 위해 재정을 희생하라.
④ 당신을 필요로 하는 낯선 곳에 가서 섬기라.
⑤ 복음적인 지역 교회에 헌신하라.

우리가 거룩한 삶을 살 때 하나님은 기뻐하십니다. 그러나 우리의 힘으로는 하나님의 마음에 합당한 삶을 살아갈 수 없습니다. 우리는 연약하기에 성령님이 도와주셔야 하나님의 뜻을 행할 수 있고, 하나님을 기쁘시게 하는 삶을 살아갈 수 있습니다. 성령의 충만함을 받아야만 영적 전쟁에서 싸워 이길 수 있습니다. 우리가 하나님의 의를 먼저 구하면 하나님께서는 우리에게 필요한 모든 것을 더하여 주십니다. 하나님의 의로 옷 입을 때, 하나님의 뜻대로 살아갈 때, 즉 예수 그리스도를 온전히 붙잡고 살아갈 때 우리는 흔들리지 않는 기쁨과 평안을 얻게 됩니다. 복음이 주는 넘치는 생명력으로 영혼이 잘됨 같이 범사에 잘되고 강건한 축복을 누리며 행복한 삶을 살아가게 되는 것입니다.

Chapter 02

# 염려는 세상에 속한 것이다

우리 그리스도인들도 삶을 둘러싼 여러 어려움 때문에 두려움과 염려에 휩싸이게 될 때가 많이 있습니다. 하지만 우리는 좋으신 하나님의 자녀라는 사실을 기억하고 문제를 통해 일하시는 하나님을 바라보아야 합니다. 그리고 하나님의 나라를 먼저 구하고 하나님께 영광 돌리는 삶을 살아가야 합니다. 그러면 하나님께서 우리에게 주시는 참된 기쁨과 행복이 넘쳐나게 될 것입니다.

### 묵상
내가 가진 문제보다 크신 하나님, 어떠한 문제라도 해결하실 수 있는 전능하신 하나님에 대해 묵상해봅시다.

### 적용
지금 나에게 두려움과 염려를 가져다주는 문제는 무엇인지 생각해보고, 주님이 주시는 평강을 구하는 기도를 드립시다.

**Chapter 03**

# 형통한 삶이 주는 기쁨

예수님을 믿고 하나님의 자녀로 일생을 살아가면서 제일 중요한 것은 어떠한 형편에서든지 형통하는 비결을 배우는 것입니다. 그렇다면 그리스도인의 형통의 비결은 무엇일까요? 골로새서 1장 10절은 "주께 합당하게 행하여 범사에 기쁘시게 하고 모든 선한 일에 열매를 맺게 하시며"라고 말씀하셨습니다. 그러므로 그리스도인의 형통은 범사에 하나님께 순종함으로 하나님을 기쁘시게 하는 것에서부터 시작합니다.

하나님은 우리의 삶이 형통해지기를 원하시는 분입니다. 그러기 위해서는 먼저 우리가 하나님께 인정받는 삶을 살아야 합니다. 범사에 하나님께 인정받고, 하나님을 기쁘게 하는 삶을 살아야 합니다. 하나님께 인정받는 자가 될 때 하나님께서 우리의 일생을 인도하시고 복을 주십니다.

우리가 아는 대로 믿음의 조상 아브라함은 형통한 인생을 산 사람입니다. 그가 형통할 수 있었던 것은 하나님의 뜻에 순종하는 믿음이 있었기 때문입니다. 또한 하나님의 뜻에 순종하는 것을 삶의 목적으로 삼았기 때문입니다. 여기에서 우리는 삶의 목적이 무엇인지 알게 됩니다. 바로 하나님께 순종하는 것입니다. 하나님의 뜻을 즐거워하며 주야로 그 뜻에 순종하기로 작정하는 사람이 곧 하나님의 자녀인 것입니다. 우리가 하나님의 뜻에 순종하는 것을 삶의 목적으로 삼을 때 비로소 참된 자녀가 될 수 있습니다.

그러나 우리의 현실을 보면 이렇게 매 순간 하나님의 뜻을 붙잡고 하나님을 기쁘하는 삶을 살기란 쉽지 않은 것이 사실입니다. 하지만 아브라함이 어떻게 하나님의 뜻을 기쁨으로 받고 순종하며 살 수 있었는지를 살펴보고 우리도 아브라함처럼 실천한다면 하나님께서 기뻐하시는 삶을 살 수 있을 것입니다.

## 하나님만 나의 전부입니다

> 그 일 후에 하나님이 아브라함을 시험하시려고 그를 부르시되 아브라함아 하시니 그가 이르되 내가 여기 있나이다 여호와(야훼)께서 이르시되 네 아들 네 사랑하는 독자 이삭을 데리고 모리아 땅으로 가서 내가 네게 일러 준 한 산 거기서 그를 번제로 드리라 창세기 22:1-2

하나님께서는 아브라함을 시험하셨습니다. 아브라함은 형통한 삶을 산 사람이지만, 그렇다고 해서 그에게 위기의 순간이 없었던 것은 아닙니다. 형통한 인생을 산다는 것이 고난이 없음을 의미하는 것은 아닙니다. 시험이나 고난이 없는 것을 형통이라고 한다면 아브라함은 형통한 삶을 산 사람이 아닙니다. 형통한 인생이란 하나님의 뜻이 우리의 삶에 막힘없이 흘러가는 것을 의미합니다. 아브라함이 시험받은 이야기는 하나님의 뜻이 아브라함의 삶에 얼마나 막힘없이 흘러가고 있는지를 보여 줍니다. 하나님께서 아브라함을 시험하신 이유는 아브라함이 하나님보다 독자 이삭을 더 사랑하고 있지 않은가를 알아보시기 위함이었습니다. 하나님께서는 "네 사랑하는 독자 이삭을 번제로 드리라"고 명령하셨습니다.

아브라함은 100세에 낳은 독자 이삭을 매우 사랑했던 것이 분명합니다. 아버지가 아들을 사랑하는 것은 당연합니다. 그러나 하나님보다 아들을 더 사랑할 때 문제가 되는 것입니다. 가장 중요한 것은 첫 번째 순서에 하나님을 두는 것입니다. 절대로 이 순서가 바뀌어서는 안 됩니다. 그래서 지금도 이스라엘 사람들은 아이들이 말을 배울 때 제일 먼저 신명기 6장 4절부터 5절의 말씀을 가르치고 외우게 합니다.

> 이스라엘아 들으라 우리 하나님 여호와(야훼)는 오직 유일한 여호와(야훼)이시니 너는 마음을 다하고 뜻을 다하고 힘을 다하여 네 하나님 여호와(야훼)를 사랑하라 신명기 6:4-5

사람들은 때때로 선물을 주신 하나님보다 선물을 더 사랑하기도 합니다. 그러나 삶의 첫 번째 순서에 하나님을 두고, 하나님을 유일한 주님으로 모시고 사는 것이 중요합니다. 이는 하인이 두 주인을 섬길 수 없는 것과 같은 이치입니다.

> 집 하인이 두 주인을 섬길 수 없나니 혹 이를 미워하고 저를 사랑하거나 혹 이를 중히 여기고 저를 경히 여길 것임이라 너희는 하나님과 재물을 겸하

여 섬길 수 없느니라 누가복음 16:13

그래서 하나님께서는 아브라함에게 그가 이 세상에서 가장 사랑하는 독자 이삭을 바치라고 하신 것입니다. 하나님은 이렇게 우리가 둘도 없이 귀중히 여기는 것을 요구하실 때가 있습니다. 하나님의 시험이 우리의 인생에서 가장 소중히 여기는 것을 포기하는 것으로 다가올 때가 있습니다.

우리의 마음속에 하나님보다 더 사랑하고 더 귀하게 생각하는 이삭이 있다면 내려놓아야 합니다. 하나님께서는 우리 마음속에 있는 이삭부터 바치라고 하시기 때문입니다.

『내려놓음』의 저자 이용규 선교사는 서울대학교 동양사학과와 동 대학원을 졸업하고 미국 하버드대학교에서 중동지역학 및 역사학으로 박사 학위를 받은 엘리트 중의 엘리트였습니다. 그런데 그는 학위를 받자마자 안락한 미래의 보장과 주변의 기대를 전부 내려놓았습니다. 주님께서 선교사로 부르셨기 때문입니다. 이용규 선교사는 "하나님 한 분만으로 만족합니다"라고 고백하고 가족과 함께 몽골 선교사의 삶을 시작했습니다.

미국 보스턴 케임브리지 연합 장로교회로부터 평신도 선교사 파송을 받아 헌신을 시작한 이용규 선교사는 한국의 오병이어 선교회가 몽골 울란바토르Ulaanbaatar에 설립한 이레교회를 담임했으며, 몽골의 크리스천 대학인 몽골국제대학교Mongolia International University 내 칭기즈칸연구소의 소장 겸 동 대학 교수로서 몽골제국사를 강의했습니다.

이용규 선교사는 '내려놓음이란 나를 비우고 하나님으로 채우는 삶의 결단'이라고 말합니다. 또한 하나님께서 내려놓으라고 하시는 이유는 우리가 내려놓을 때 비로소 그것이 진짜 우리 것이 되기 때문이며, 하나님이 우리에게 더 좋은 것을 주시려고 하기 때문이라고 말합니다. 그는 자신의 빈 마음을 하나님으로 채울 때 비로소 행복할 수 있다고 고백합니다.

"당신이 내려놓으면 하나님이 움직이신다."

네 길을 여호와(야훼)께 맡기라 그를 의지하면 그가 이루시고 시편 37:5

우리는 "주님이 나의 전부입니다"라고 고백할 수 있어야 합니다. 우리가 가장 소중히 여기는 것은 무엇입니까? 사업, 돈, 권력, 명예, 건강, 자녀, 아내, 남편을 하나님보다 더 소중히 여기면, 하나님께서는 바로 그 사업, 돈, 권력, 명예, 건강, 자녀, 아내, 남편을 통해 시험하십니다.

마태복음 19장 16절을 보면, 영생에 관심이 있는 부자 청년이 예수님을 찾아와서 묻는 장면이 나옵니다.

어떤 사람이 주께 와서 이르되 선생님이여 내가 무슨 선한 일을 하여야 영생을 얻으리이까 마태복음 19:16

그는 경건하게 살려고 노력하며, 계명을 다 지킨 사람이었습니다. 그가 부자였다는 것은 당시 유대인들의 신앙적인 관점으로 보았을 때 하나님으로부터 많은 축복을 받았다는 증거입니다. 그러니까 그는 자신이 그 누구보다 하나님을 잘 믿고 있다고 생각했을 것입니다. 실제로 그가 하나님을 경외하고 섬기려고 한 것은 그가 계명을 지킨 것에서도 알 수 있습니다. 그러나 그는 하나님보다 돈을 더 사랑하고 생명처럼 의지했습니다. 예수님께서는 그 청년의 마음을 아시고 이렇게 말씀하셨습니다.

> 예수께서 이르시되 네가 온전하고자 할진대 가서 네 소유를 팔아 가난한 자들에게 주라 그리하면 하늘에서 보화가 네게 있으리라 그리고 와서 나를 따르라 하시니 마태복음 19:21

    이 말씀을 들은 청년은 재물을 포기할 수 없어서 근심하며 돌아갔다고 성경은 기록하고 있습니다마 19:22. 청년이 예수님을 따르지 못했던 것은 돈을 버릴 수 없어서였습니다.
    우리는 두 주인을 섬길 수 없습니다. 하나님보다 더 사랑하는 것이 있어서는 안 됩니다. 하나님의 시험은 우리가 가장 소중하게 여기는 것을 하나님께 바치는 것입니다.

> 예수께서 이르시되 네 마음을 다하고 목숨을 다하고 뜻을 다하여 주 너의 하나님을 사랑하라 하셨으니 마태복음 22:37

    예수님을 섬기려면 예수님과 우리 사이에 장애물이 있어서는 안 됩니다. 전적으로 주님만 섬겨야 합니다. 그래야 하나님의 뜻이 우리 삶에 형통하게 흐를 수 있습니다. 형통의 흐름을 방해하는 것이 있다면 그것을 내려놓아야 합니다.
    시험을 당할 때 가장 중요한 것은 믿음을 지키는 것입니다. 그리고 시험을 통과하기 위해 우리가 할 일은 더욱 주님을 의지하는 것밖에 없습니다. 시험을 통과해야만 주님께 인정받는 자가 될 수 있습니다. 시험을 통해 신앙의 불순물이 제거되고, 믿음이 성장하고, 나아가서 하나님의 축복이 임하게 됩니다.

> 다만 이뿐 아니라 우리가 환난 중에도 즐거워하나니 이는 환난은 인내를, 인내는 연단을, 연단은 소망을 이루는 줄 앎이로다 로마서 5:3-4

# 즉각 순종

> 아브라함이 아침에 일찍이 일어나 나귀에 안장을 지우고 두 종과 그의 아들 이삭을 데리고 번제에 쓸 나무를 쪼개어 가지고 떠나 하나님이 자기에게 일러 주신 곳으로 가더니 창세기 22:3

아브라함의 순종은 '즉각 순종'이었습니다. 아브라함은 아침에 일찍 일어나 번제 드릴 곳을 향해 떠났습니다. 그는 하나님의 명령을 순종하는 일에 조금도 지체하지 않았습니다. 이처럼 우리도 하나님의 명령을 듣고 나서 망설이거나 지체하면 안 됩니다.

하나님께서 소돔과 고모라를 불과 유황으로 심판하실 때 롯의 아내가 지체하고 뒤돌아보다가 소금 기둥이 되었던 것을 기억해야 합니다. 요나가 하나님의 명령을 거역하고 니느웨가 아니라 다시스로 가는 배를 탔다가 풍랑을 만나 결국 바다에 던져져 물고기 배 속에 갇혔던 사건을 기억해야 합니다.

형통의 복은 하나님 말씀이 삶 전체를 지배하는 것입니다. 하나님 말씀이라면 즉각 순종해야 합니다. 즉각 순종하는 자에게 형통의 복이 임하는 것입니다.

아브라함은 하나님께 명령을 받았을 때 그 명령에 대해 사람과 의논하지 않았습니다. 사실 하나님께서 그 명령을 아브라함에게만 주셨으므로,

아내 사라나 다른 사람들과 의논할 내용이 아니었습니다. 만일 아브라함이 사람들과 의논했다면 모두 펄쩍 뛰며 반대했을 것입니다. 만약 아브라함이 아내 사라에게 이삭을 바치는 문제를 의논했다면 사라의 반대에 못 이겨 집을 나서기도 어려웠을 것입니다. 그렇기 때문에 아브라함은 하나님의 뜻을 순종하는 데 있어서 그 누구와도 의논하지 않고 즉각 행했을 것입니다. 온전한 순종을 위해서는 핑계를 댈 만한 것들을 모두 다 차단해야 합니다.

그런데 우리는 어떻습니까? "며칠 동안 기도해 보고요", "저에게도 생각해 볼 말미를 좀 주세요"라고 말합니다. 생각한다고 순종할 수 있는 것이 아닙니다. 생각한다는 사람치고 순종하는 경우가 별로 없습니다. 생각한다고 해 놓고는 빠져나갈 방법을 연구합니다. 연구하다가 도저히 빠져나갈 방법이 없으면 그제야 할 수 없이 순종합니다. 이것은 엄밀히 말해 순종이 아닙니다.

사울 왕은 아말렉의 모든 것을 진멸하라는 하나님의 명령에 '왜 짐승까지 죽이라고 하실까?' 하면서 머뭇거렸습니다. 그리고 좋은 것은 죽이지 않고 숨겨 가지고 왔다가 결국 왕의 자리를 빼앗기고 하나님의 사랑도 잃고 말았습니다삼상 15장. 하나님의 말씀에는 즉각적으로 그리고 무조건적으로 순종하는 것이 형통의 복을 받는 비결입니다.

『주는 나의 피난처』라는 책을 쓴 코리 텐 붐Corrie Ten Boom의 가족은 유대인들을 숨겨 주었다는 이유로 체포되어 독일에서 2차 세계대전이 끝날 때까지 수용소 생활을 했습니다. 라벤스브루크Ravensbruck의 참혹한 수용소에서 가족들은 모두 죽고, 독일의 패전으로 그녀만 기적적으로 살아 나오게 되었습니다. 수용소에서 나온 그녀의 마음에 하나님께서는 한 가지 사명을 주셨습니다. 그것은 그녀를 핍박하고 가족을 잔혹하게 죽인 독일 사람들에게 하나님의 말씀을 전하라는 것이었습니다. 그녀는 하나님의 뜻에 순종하여 독일의 마을과 도시를 찾아다니면서 간증 집회를 열었습니다. 하나님께서는 그녀의 간증 집회를 통해 죄책감에 사로잡혀 있던 수많은 독일 사람에게 죄에서 자유를 얻게 하셨고, 많은 이가 하나님 앞에 돌아오는 놀라운 부흥의 역사를 이루셨습니다.

한번은 코리가 독일의 시골 마을에서 말씀과 간증을 모두 마치고 사람들과 인사를 하는데, 그녀의 온몸을 얼어붙게 하는 사람이 있었습니다. 그 사람은 수용소에서 악명이 높았던 교도관으로 코리의 친언니가 죽는 데 결정적인 역할을 한 사람이기도 했습니다. 코리는 꿈에도 잊을 수 없는 그의 얼굴을 보고 피가 거꾸로 솟는 것 같아 주님께 속으로 몇 번이고 이렇게 외쳤다고 합니다.

"하나님, 저 사람은 안 돼요. 저 사람만은 용서할 수 없어요. 할 수 없어요. 저 사람만은 안 돼요."

그러나 하나님께서는 그녀가 안 된다고 외칠 때마다 계속해서 "사랑하라. 이것은 명령이다"라고 말씀하셨습니다. 계속되는 하나님의 말씀 앞에 코리는 다음과 같이 고백했습니다.

"하나님, 저는 저 사람을 사랑하고 싶은 마음이 없습니다. 사랑할 용기도 없습니다. 그러나 주님의 명령이라면 해보겠습니다."

어느새 그 교도관이 앞에 다가오자, 그녀는 사랑의 감정 없이 그에게 손을 내밀고 그를 끌어안았습니다. 그런데 바로 그 순간 하나님께서 코리의 마음에 그 교도관을 사랑할 수 있는 넉넉한 감정을 부어 주셨습니다. 코리는 그 교도관을 사랑할 수 없었지만 하나님의 명령 앞에 순종하기로 결단했고, 그러자 그 순간 사랑할 수 있는 능력을 하나님께서 부어 주신 것입니다.

머뭇거리면 핑계만 늘어납니다. '즉각'이라는 말은 '생각할 것도 없이'라는 의미입니다. 아브라함은 생각할 것도 없이 무조건 순종했습니다. 참된 순종은 깊이 생각한 후에 하는 것이 아니라 먼저 행동으로 옮긴 다음에 생각하는 것입니다. 아브라함과 같이 핑계 댈 기회를 없애 버려야 합니다. 순종의 타이밍은 '즉각'입니다. 말씀이 들려오고 깨달아지거든 즉각 순종해야 합니다.

즉각 순종한 아브라함은 사흘 길을 걸어갔습니다.

> 제삼일에 아브라함이 눈을 들어 그곳을 멀리 바라본지라 창세기 22:4

여기에서 우리는 3일이란 시간에 주목해야 합니다. 3일 동안 아브라함은 무슨 생각을 했을까요? 3일이란 시간은 지금까지의 순종을 번복하기에 충분한 시간이었습니다. 그러나 아브라함에게는 그 3일이 자신을 더 내려놓고 더 깨어짐으로 하나님의 능력이 나타남을 사모하는 시간이었습니다. 그는 3일 동안 철저하게 하나님 앞에 깨어지고 자신을 부인하였을 것입니다. 이것이 바로 그리스도인이 세상을 이기는 방법입니다. 십자가에 자신의 정욕과 욕망을 못 박고 자기를 부인할 때, 부활하신 예수 그리스도의 능력이 머물게 되는 것입니다.

> 형제들아 내가 그리스도 예수 우리 주 안에서 가진바 너희에 대한 나의 자랑을 두고 단언하노니 나는 날마다 죽노라 고린도전서 15:31

순종이란 하나님의 부르심과 뜻이 우리에게 참된 유익이 될 것을 의심하지 않고 믿음으로 즉각 실행에 옮기는 것입니다. 믿음으로 즉각 순종하면 하나님을 섬기는 것이 얼마나 즐겁고 기쁜 일인지를 깨닫게 됩니다. 즉각 순종이야말로 장래의 유업을 받을 형통한 삶으로 가는 지름길입니다.

믿음으로 아브라함은 부르심을 받았을 때에 순종하여 장래의 유업으로 받을 땅에 나아갈새 갈 바를 알지 못하고 나아갔으며 히브리서 11:8

## 절대 긍정의 믿음

사흘 길을 걸어서 모리아 산에 도착한 아브라함은 산을 오르기 전에 종들에게 이와 같이 말했습니다.

너희는 나귀와 함께 여기서 기다리라 내가 아이와 함께 저기 가서 예배하고 우리가 너희에게로 돌아오리라 창세기 22:5

아브라함은 종들에게 분명히 '우리가' 돌아오겠다고 말했습니다. 이 말은 그동안 아브라함이 걸어온 삶 전체를 보여 주는 믿음의 고백이었습니다. 아브라함은 100세에 주신 아들 이삭을 하나님께서 거둬 가셔도 또 주실 줄 믿은 것입니다. 즉, 사흘 길을 걸으며 묵상한 끝에 꺼내 놓은 아브라함의 첫마디는 부활 신앙이었습니다.

여기에서 우리는 아브라함의 믿음이 이끌어 낸 놀라운 결론과 마주하게 됩니다. 아브라함의 부활 신앙은 구약 시대를 뛰어넘는 믿음이었습니다.

오늘날 우리는 예수님께서 부활하셨기 때문에 부활 신앙을 당연한 것으로 받아들이지만, 아브라함 시대에는 죽은 자가 다시 살아나는 부활이라는 개념 자체가 존재하지 않았기 때문입니다. 아브라함이 이렇게 놀라운 신앙 고백을 할 수 있었던 것은 하나님의 뜻 안에서 그의 삶이 형통했기 때문입니다. 하나님의 뜻이 지배하고 말씀이 지배하는 인생, 그리고 말씀에 즉각 순종하는 인생은 형통한 인생입니다. 형통한 인생은 상상조차 할 수 없는 일을 믿을 수 있습니다. 어떤 형편에서도 하나님의 뜻에 즉각 순종할 수 있습니다.

> 아브라함이 바랄 수 없는 중에 바라고 믿었으니 이는 네 후손이 이 같으리라 하신 말씀대로 많은 민족의 조상이 되게 하려 하심이라 로마서 4:18

아브라함의 믿음은 바랄 수 없는 중에 바라는 믿음, 약해지지 않는 견고한 믿음, 하나님의 약속은 반드시 이루어진다는 사실을 확신하는 믿음이었습니다. 그런데 이렇게 흔들리지 않는 믿음을 가진 아브라함에게 최대 위기가 닥칩니다. 그것은 아들 이삭이 던진 한마디의 질문 때문이었습니다.

그동안 옆에서 한마디도 하지 않던 이삭이 산에 오르면서 이렇게 질문을 던진 것입니다.

"아버지, 제사를 드리러 가는데 왜 제물이 될 양은 없어요?"

이때 아브라함은 가슴이 철렁 내려앉았을 것입니다. 그동안 다잡아 놓았던 마음이 한순간에 무너지는 것 같았을 것입니다. 이처럼 순종하려고 마음먹어도 실제로 순종하기까지는 많은 장애물과 시험이 도사리고 있습니다. 그러나 아브라함은 울컥한 마음을 다시 한 번 잡고 믿음의 고백을 아들에게 했습니다.

> 아브라함이 이르되 내 아들아 번제할 어린 양은 하나님이 자기를 위하여 친히 준비하시리라 하고 두 사람이 함께 나아가서 창세기 22:8

아브라함은 믿음의 사람이 분명했습니다. 그는 하나님의 말씀을 받고 전혀 의심치 않고, 순종하는 것을 자신의 본분이며 목적이라 생각하고 뒤돌아보지 않았습니다.

> 아브라함은 시험을 받을 때에 믿음으로 이삭을 드렸으니 그는 약속들을 받은 자로되 그 외아들을 드렸느니라 그에게 이미 말씀하시기를 네 자손이라 칭할 자는 이삭으로 말미암으리라 하셨으니 그가 하나님이 능히 이삭을 죽은 자 가운데서 다시 살리실 줄로 생각한지라 비유컨대 그를 죽은 자 가운데서 도로 받은 것이니라 히브리서 11:17-19

아브라함은 절대 긍정의 믿음의 사람이었습니다. 아브라함은 하나님께서 아이를 낳을 수 없는 100세에 이삭을 주셨으니, 데려가셔도 죽은 자 가운데서 다시 살리실 것을 믿었던 것입니다.

> 손을 내밀어 칼을 잡고 그 아들을 잡으려 하니 창세기 22:10

아브라함은 산에 올라가 제단을 쌓고 아들을 결박하여 제단 나무 위에 놓은 다음 칼을 잡고 아들을 잡으려 했습니다. 여기에서 우리가 알 수 있는 것은 행함이 없는 믿음은 죽은 믿음이라는 것입니다. 믿는다는 것은 주님께 다 맡기고 나는 아무것도 하지 않겠다는 것이 아닙니다. 믿음은 행동하는 것입니다. 마음에 믿었으면 믿음으로 행하는 것이 중요합니다. 그때 기적이 일어납니다. 믿음은 은혜에 합당한 반응을 행동으로 보이는 것입니다.

> 영혼 없는 몸이 죽은 것같이 행함이 없는 믿음은 죽은 것이니라 야고보서 2:26

아브라함이 믿음대로 행하였을 때, 그 모습을 보고 하나님의 사자가 말했습니다.

> 사자가 이르시되 그 아이에게 네 손을 대지 말라 그에게 아무 일도 하지 말라 네가 네 아들 네 독자까지도 내게 아끼지 아니하였으니 내가 이제야 네가 하나님을 경외하는 줄을 아노라 창세기 22:12

'이제야' 하나님께서 아브라함의 믿음을 완전히 인정하신 것입니다. 이렇게 순종과 결단의 결과로 믿음을 인정받은 아브라함은 하나님께 축복을 상으로 받았습니다. 바로 '여호와야훼 이레'의 축복입니다. 하나님께서 친히 제물이 될 양을 준비하신 것입니다.

> 아브라함이 눈을 들어 살펴본즉 한 숫양이 뒤에 있는데 뿔이 수풀에 걸려 있는지라 아브라함이 가서 그 숫양을 가져다가 아들을 대신하여 번제로 드렸더라 창세기 22:13

하나님께서는 우리의 일생 동안 필요한 모든 것을 다 예비하고 계시며 그것을 우리에게 주시기를 원하십니다. 그러나 먼저 우리의 믿음과 순종을 보십니다.

하나님께서는 때로 우리의 믿음을 달아 보십니다. 진짜 믿음을 소유한 것인지, 혹시 가짜 믿음을 소유한 것은 아닌지 말입니다. 그럴 때 우리도 아브라함처럼 "네 믿음과 충성을 내가 알았노라"고 하나님께 인정을 받을 수 있어야 합니다.

무학교회 김창근 목사의 아내인 전경숙 사모의 책 『여보, 나도 흠모해!』에 보면 이런 내용이 나옵니다.

김창근 목사 내외는 무학교회에 부임하기 전 제주영락교회에서 오랫동안 사역을 했는데, 당시 5만 원씩 헌금을 했다고 합니다. 아무래도 담임목사면 이 정도는 해야 한다고 생각했던 것입니다. 물론 1980년대였던 그때 당시 5만 원은 지금으로 따지면 30만 원 정도가 됩니다. 적지 않은 돈입니다. 그런데 한번은 5만 원을 드리기 힘든 상황이 되었다고 합니다. 사례비를 받기까지 일주일을 버텨야 했는데, 남은 돈은 4만 원뿐이었던 것입니다. 결국, 1만 원으로 일주일을 살기로 하고, 3만 원만 드리게 되었습니다.

당시에도 헌금을 드릴 때 액수와 이름을 쓰게 되어 있었는데 전경숙 사모는 그날만큼은 3만 원이라고 쓸 수 없었다고 합니다. 3만 원도 큰돈이지만 그냥 죄송했던 것입니다. 돌아보면 그럴 일이 아닌데 그땐 왠지 그럴 수밖에 없었습니다. 결국 김창근 목사 이름만 쓰고 액수는 기입하지 않은 채 헌금을 드렸는데, 서럽고 죄송한 마음이 들어 눈물을 흘렸습니다.

그런데 그 주일이 지나고 놀라운 일이 벌어집니다. 그 주간에 어떤 성도님이 김창근 목사의 주민번호를 알려 달라고 합니다. 무슨 일인가 싶어서 알려 줬더니, 그 성도가 필요한 데, 좋은 데 쓰라고 하면서 목사님 통장을 만들어 5백만 원을 넣어 준 것입니다. 3만 원을 울며 드렸는데, 500만 원이 그 주에 들어왔습니다. 반올림해서 167배나 됩니다.

이처럼 하나님께서는 우리에게 필요한 모든 것을 미리 준비해 두십니다. 자녀의 기도에 응답하시기 위해, 그리고 하나님의 뜻을 이루시기 위해 필요한 모든 것을 미리 준비해 두시는 것입니다.

하나님께서는 사랑하는 자녀를 위해 위험으로부터 피할 길을 준비하시고, 병든 사람을 위해 치료와 건강을 준비하시고, 마음이 공허한 사람을 위해 하늘의 위로를 준비하시고, 갈등과 번민에 사로잡힌 사람을 위해 마음의 평안을 준비하시고, 예수님을 믿는 모든 사람을 위해 천국을 준비해 주십니다.

하나님은 지치고 피곤한 심령에게 새 힘을 주시고, 근심이 있는 사람에게 평강을 주시며, 죄로 괴로워하는 사람에게 사죄의 은총을 주시고, 가난에 지친 사람들에게 부요를 주시기를 원하십니다. 여호와(야훼) 이레의 하나님께서 지금 우리에게 있는 모든 문제를 해결해 주시고 도와주심을 믿어야 합니다.

아브라함이 결단하여 믿음으로 행하고 순종했을 때, 하나님께서 그에게만이 아니라 이삭에게도 큰 복을 주신다고 약속하신 것을 기억해야 합니다. 아브라함이 믿음으로 순종한 결과 하나님의 큰 축복이 아브라함의 가정과 자손 모두에게 임했습니다.

> 이르시되 여호와(야훼)께서 이르시기를 내가 나를 가리켜 맹세하노니 네가 이 같이 행하여 네 아들 네 독자도 아끼지 아니하였은즉 내가 네게 큰 복을 주고

> 네 씨가 크게 번성하여 하늘의 별과 같고 바닷가의 모래와 같게 하리니 네 씨가 그 대적의 성문을 차지하리라 또 네 씨로 말미암아 천하 만민이 복을 받으리니 이는 네가 나의 말을 준행하였음이니라 하셨다 하니라 창세기 22:16-18

앞날이 캄캄하고 하나님의 약속을 따라가는 길에 시험이 닥쳐와도 주님의 약속의 말씀을 붙잡고 믿음으로 나아가면 기적은 다가옵니다. 하나님은 당신의 자녀의 문제와 아픔을 기억하시고 해결해 주기를 원하시는 좋으신 하나님이십니다. 하나님은 우리가 위기의 순간에 순종으로 믿음의 진가를 발휘하길 바라십니다. 평안할 때에는 기뻐하고 순종하다가 어려운 상황에 처했다고 해서 믿음을 버린다면 그것은 온전한 믿음이 아닙니다. 우리의 이성과 경험에 맞지 않는다고 해서 하나님을 등지고 말씀을 따르지 않는다면 우리의 믿음은 파선破船된 믿음입니다.

진정한 믿음은 이해할 수 없는 상황에서도 순종함으로써 그 진가가 발휘되는 법입니다. 이성적으로 용납되지 않는 상황에서 재고 따지는 것이 아니라 즉각 순종할 때 믿음의 그릇도 커지게 됩니다.

믿음이 있는 사람에게는 위기의 순간이 결코 걱정할 일이 아닙니다. 위기의 때야말로 우리의 믿음을 시험하는 때입니다. 그 시험을 잘 통과하십시오. 시험을 통과해 믿음을 키우고 더 큰 은혜를 누리십시오. 더 큰 축복의 그릇을 준비하십시오. 그때에 우리는 여호와야훼 이레의 하나님을 만나게 될 것입니다. 준비하시는 하나님을 신뢰하고 그 앞에서 참된 기쁨과 감사로 하나님의 뜻에 순종하길 바랍니다. 하나님의 말씀은 우리의 삶을 형통하게 하는 축복의 보고입니다. 형통하게 되기 위해서는 하나님의 말씀에 믿음으로 즉각 순종해야 합니다. 하나님의 말씀이 우리의 삶에 흘러가도록 해야 합니다. 그리하면 모든 일이 아름답고 복있게 될 것입니다. 이것이 바로 그리스도인이 즉각 순종과 절대 긍정의 믿음으로 구해야 할 형통한 삶입니다.

Chapter 03

# 형통한 삶이 주는 기쁨

우리가 형통한 삶을 살기 위해서는 하나님을 유일한 주님으로 모시고 사는 것이 가장 중요합니다. 또한 우리는 때때로 고난과 시련이 다가올 때에도 믿음이 성장할 기회로 여기고 기쁨과 감사로 하나님의 뜻에 즉각 순종해야 합니다. 당장은 이해할 수 없어도 절대 긍정의 믿음으로 즉각 순종하면, 나머지는 하나님께서 책임지십니다. 이것이 바로 그리스도인이 구해야 할 형통한 삶입니다.

### 묵상
모든 일이 합력하여 선을 이루게 하시는 하나님에 대해 묵상해봅시다.

### 적용
내 삶에서 하나님보다 더 우선순위에 두고 있는 것, 하나님보다 더 사랑하는 것은 없는지 생각해보고, 하나님을 유일한 주님으로 섬길 것을 다시 한번 결단해봅시다.

그리스도인은 하나님이 기뻐하시는 뜻을 분별하고 실천할 때 비로소 하나님이 기뻐하시는 거룩한 산제사를 드릴 수 있게 됩니다. 구약 시대 때 행해진 제사의 거룩함이 '선하고 거룩하고 온전한' 율법의 규정에 충실할 때 확보되었던 것처럼, 오늘날의 '산제사'의 거룩함 역시 '선하고 온전한' 하나님의 뜻에 순종함으로 얻어지는 것입니다.

# Part 2
# 하나님을 기뻐하라

**Chapter 04** 세상의 기준을 버려라
**Chapter 05** 나의 기준을 버려라
**Chapter 06** 하나님의 임재를 사모하라
**Chapter 07** 진리의 하나님과 동행하라

**Chapter 04**

# 세상의 기준을 버려라

　사도 바울은 하나님 안에서 기쁨을 누리기 위한 구체적인 방법을 제시했습니다. 첫 번째는 이 세대를 본받지 않는 것이며, 두 번째는 주님께서 기뻐하시는 일이 무엇인지를 분별하는 것입니다로마서 12:2. 그리스도인이 세상의 기쁨에 속지 않기 위해서는 자신의 삶의 방향이 어디를 향하고 있는지 알아야 합니다. 즉 예수님 안에서 누리는 기쁨은 세상과 구별된 존재로 살아가는 것을 의미합니다. 그러므로 그리스도인의 참된 기쁨은 세상의 기준을 따르지 않는 것이며, 세상과 구별되고 거룩할 때 더욱 영글어 가고 열매를 맺는 것입니다.

## 하나님께서 기뻐하시는 삶

　제가 미국에서 목회할 때 있었던 일입니다. 전도를 받아 교회에 오신 60대 할머니가 있었습니다. 머리는 흐트러져 있었고, 눈에는 초점이 없었습니다. 그도 그럴 것이 남편은 알코올 중독이었고, 큰아들은 알코올 중독에 마약 복용까지 더해져 감옥에서 복역 중이었기 때문입니다. 며느리는 이미 집을 나간 지 오래였고, 손자는 부모가 보고 싶다고 울면서 할머니에게서 한시도 떨어지지 않았습니다. 딸이 있었는데 그녀도 마찬가지로 알코올 중독이었습니다. 그야말로 온 집안이 알코올 중독자로 가득 차 있었습니다.

고통스러운 삶이 계속되는 가정이었고, 지저분한 집에 냉장고는 텅 비어 굶주림까지 더해지는 비참한 삶이었습니다. 죽지 못해 산다는 말이 어울리는 그런 가정이었습니다. 이 할머니는 죽고 싶어도 여섯 살짜리 손주 때문에 차마 죽을 수 없는 처절한 상태에서 교회에 오게 된 것이었습니다. 그런데 교회에 온 지 몇 주 안 되어 할머니에게 놀라운 일이 일어나기 시작했습니다. 예수님께서 할머니를 찾아오신 것입니다. 처음 교회에 나왔을 때는 지옥에서 방금 걸어 나온 것과 같은 할머니였지만, 예수님을 만나자 할머니의 삶은 변화되기 시작했습니다. 예수님은 할머니를 위로하셨고, 할머니는 예배 때마다 뜨거운 눈물로 주님을 예배했습니다. 주일 아침 1부 예배부터 저녁 예배까지, 교회에서 드려지는 모든 예배를 기쁨으로 드렸습니다.

할머니의 안타까운 형편을 듣고 남선교회에서 생활 보조비로 300달러약 36만 원를 전달했는데, 할머니는 그 돈을 모두 감사 헌금으로 주님께 드렸습니다. 생활비 전부인 두 렙돈을 드린 과부의 모습이 아마 이런 모습이 아니었을까 생각합니다. 할머니는 많이 배운 분도 아니었습니다. 할머니가 부르는 찬송은 모두 곡조가 같았습니다. 음도 맞지 않았습니다. 하지만 할머니는 늘 기쁨으로 찬송을 불렀습니다.

그 과정에서 예수님께서는 지옥 같은 할머니의 가정을 어루만지시기 시작하셨고 기적이 일어났습니다. 아들이 감옥에서 회개하고 예수님을 믿게 되었습니다. 남편이 알코올 중독에서 해방되었고, 딸도 술을 끊고 취직까지 하게 되었습니다. 그뿐만 아니라 온 가족이 함께 교회에 출석하여 주님께 영광을 돌리며 예배를 드렸습니다. 온 가정이 주 안에서 회복되는 역사가 일어난 것입니다. 영혼이 잘됨 같이 범사가 잘되고 강건해지는 요한3서 2절의 축복이 할머니의 가정에 임한 것입니다.

> 사랑하는 자여 네 영혼이 잘됨 같이 네가 범사에 잘되고 강건하기를 내가 간구하노라 요한3서 1:2

우리가 하나님 앞에 예배만 잘 드려도 이런 기적을 경험하게 됩니다. 하나님께서 기뻐하시는 진짜 예배는 주일에만 드려지는 예배가 아닙니다. 삶 전체가 예배가 되는 것입니다. 우리의 삶 전체가 하나님께서 기뻐 받으실 만한 예배의 삶으로 변화되어야 합니다.

> 그러므로 형제들아 내가 하나님의 모든 자비하심으로 너희를 권하노니 너희 몸을 하나님이 기뻐하시는 거룩한 산 제물로 드리라 이는 너희가 드릴 영적 예배니라 로마서 12:1

우리는 흔히 사도 바울은 이방인의 사도이며 이방인들에게 구원의 복음만 선포한 것으로 오해하기 쉽습니다. 그러나 사도 바울의 사역 목적은 단순히 이방인들에게 구원을 선포하는 것만은 아니었습니다. 사도 바울은 구원의 복음을 받아들인 이방인들을 하나님 앞에 거룩하게 쓰임 받도록 양육하고 이방인들이 하나님께서 기뻐 받으시는 거룩한 산 제뼈가 되도록 힘썼습니다. 바울은 자신의 사역 목적을 구원받은 이방인들의 삶이 하나님 앞에 흠 없이 드려지도록 하는 것이라고 여겼습니다.

'몸'을 드리라는 바울의 표현은 제사를 드릴 때 하나님께 드리는 제물을 비유한 것입니다. 제사장의 주된 역할은 제사를 드리는 것이지만, 그것보다 더 중요한 것은 제사를 드리기 전에 예물이 드려지기에 합당한지 아닌지를 결정하는 것이었습니다. 왜냐하면 하나님 앞에 드려지는 제사는 흠 없는 제물로 드리는 제사여야 하기 때문입니다. 거룩함을 담보로 하지 않은 제사는 하나님께서 절대 받으시지 않기 때문입니다.

그러므로 "너희 몸을 하나님이 기뻐하시는 거룩한 산 제물로 드리라"는 바울의 권면은 우리의 삶 전체가 하나님이 받으시기에 합당한 예물로서 드려져야 함을 말하는 것입니다. 이것이야말로 하나님께서 우리를 부르신 목적입니다.

구약의 제사장들은 제물이 합당한지를 구별한 다음에, 그 제물 전체를 하나님께 불로 태워 드렸습니다. 이처럼 하나님께서는 제물의 전체를 드리는 온전한 제사를 받으십니다. 우리의 시간, 건강, 생각, 일, 생명까지도 주님을 위해 드려야 합니다. 주일 하루만 그리스도인의 모습으로 살아서는 안 됩니다. 일주일 내내, 1년 365일, 일생이 주님을 섬기는 아름다운 모습이 되어야 합니다. 이것이 우리의 몸으로 드려야 할 산제사Living sacrifices인 것입니다. 죄를 따라 살던 옛사람의 모습을 전부 벗어 버려야 합니다.

옛사람의 모습을 벗어 버리고, 하나님이 기뻐하시고 인정하시는 삶이 되어야 합니다. 여기서 우리는 사도 바울이 말한 '산 제물'의 의미가 하나님께서 기뻐하시고 거룩한 제물임을 알 수 있습니다.

> 육체의 일은 분명하니 곧 음행과 더러운 것과 호색과 우상 숭배와 주술과 원수 맺는 것과 분쟁과 시기와 분냄과 당 짓는 것과 분열함과 이단과 투기와 술 취함과 방탕함과 또 그와 같은 것들이라 갈라디아서 5:19-21

'거룩'이란 본래 분리 또는 구별되었다는 뜻입니다. 즉 죄와 타협하며 살지 말고 죄와 분리되어야 한다는 의미입니다. 하나님은 거룩을 기뻐하십니다. "내가 거룩하니 너희도 거룩할지어다"벧전 1:16라는 말씀은 우리를 향한 하나님의 명령이자 하나님의 뜻입니다. 성도가 거룩을 잃어버리면 맛을 잃은 소금처럼 밖에 버려져 밟힐 일만 남게 되는 것입니다. 성도는 산제사, 살아 있는 제사가 되어야 합니다. 새롭게 변화되어 새 생명을 입은 모습으로 주님께 드려져야 합니다. 성령의 열매가 충만한 삶의 모습으로 드려져야 합니다.

> 오직 성령의 열매는 사랑과 희락과 화평과 오래 참음과 자비와 양선과 충성과 온유와 절제니 이같은 것을 금지할 법이 없느니라 갈라디아서 5:22-23

## 하나님의 뜻을 분별하라

> 너희는 이 세대를 본받지 말고 오직 마음을 새롭게 함으로 변화를 받아 하나님의 선하시고 기뻐하시고 온전하신 뜻이 무엇인지 분별하도록 하라
> 로마서 12:2

사도 바울은 '하나님의 선하시고 기뻐하시고 온전하신 뜻'이 무엇인지 분별하기 위해서는 먼저 우리가 변화를 받아야 한다고 말하고 있습니다. 변화는 마음이 새로워질 때 일어납니다. 또한 마음이 새로워지기 위해서는 이 세상을 본받지 말아야 합니다. 그리스도인이라면 거룩한 것과 속된 것을 구별할 수 있는 성경적 시각을 기르는 것이 중요합니다. 이 세상의 기준을 따르는 이상 우리는 하나님의 기쁨이 될 수 없기 때문입니다.

> 범사에 헤아려 좋은 것을 취하고 악은 어떤 모양이라도 버리라
> 데살로니가전서 5:21-22

특별히 젊은 그리스도인들은 세상 유혹에 넘어가지 않도록 자신을 잘 지켜야 합니다. 보는 것, 듣는 것이 다 우리를 죄의 유혹으로 이끌어 가기 때문입니다. 비신자들과 함께하는 회식이나 술자리, 대학교에 들어가서 갖는 신입생 환영회, 인터넷 음란물 같은 죄악의 환경에 물들지 말고, 심령에 변화를 받아 성령충만하여 하나님 영광을 나타내기에 힘써야 합니다.

요즘은 가정이 너무 쉽게 깨어집니다. 가정은 하나님이 세우신 것임을 잊지 말아야 합니다. 불과 10년 전만 해도 이혼은 다른 나라의 이야기처럼 들렸는데, 어느새 한국이 세계 2위의 이혼국가로 전락하고 말았습니다. 어느 신혼부부는 3년간 연애 끝에 결혼했는데 신혼여행 가서 싸우다가 3일 만에 이혼했다고 합니다. 통계에 의하면 상당히 많은 가정이 결혼 3년 이내에 깨어진다고 합니다. 그뿐만 아니라 요즘은 황혼 이혼도 늘고 있습니다. 잘못을 서로 이해하고 보듬어 주어야 할 부부들이 상대방이 변하기만 바라고 자신은 변하려고 노력하지 않기 때문입니다. 이러한 현실 가운데

우리는 이 세대를 본받지 말아야 합니다. 우리가 먼저 변화되고 그다음에 이 세상을 변화시키는 주역이 되어야 합니다. 사회에 신선한 충격을 주는 영적 리더로서 살아가야 합니다.

> 끝으로 형제들아 무엇에든지 참되며 무엇에든지 경건하며 무엇에든지 옳으며 무엇에든지 정결하며 무엇에든지 사랑 받을 만하며 무엇에든지 칭찬 받을 만하며 무슨 덕이 있든지 무슨 기림이 있든지 이것들을 생각하라 빌립보서 4:8

18세기 영국이 타락하여 술에 취한 사람들이 이곳저곳에 쓰러져 있고, 범죄가 날로 늘어나고 있을 때, 옥스퍼드 대학을 다니던 존 웨슬리John Wesley는 친구들과 함께 'Holy Club'거룩한 모임 기도회를 조직하였습니다. 이 기도회가 당시 타락한 영국을 살리는 밑거름이 되고 큰 부흥의 역사를 일으켰습니다. 우리도 웨슬리처럼 사회 변화의 주역이 되어야 합니다. 하나님께서 인정하시는 사람은 세상을 변화시키고 세상에서 칭찬받는 자입니다.

> 하나님의 선하시고 기뻐하시고 온전하신 뜻이 무엇인지 분별하도록 하라 로마서 12:2

우리의 삶이 변화되고 더 나아가 이 세상을 변화시키기 위해서는 늘 하나님의 뜻을 깨달아 아는 것이 중요합니다. 하나님의 뜻은 언제나 선하고, 완전한 것임을 잊지 말아야 합니다. 하나님의 뜻을 알기 위해서는 하나님께서 원하시는 것이 무엇인가를 직접 물어보아야 합니다. 우리가 매사에 하나님의 뜻을 묻고, 하나님의 음성을 듣고, 하나님의 뜻대로 움직이며 살아가는 것은 성숙한 신앙인이 갖추어야 할 조건입니다. 우리가 이 기준을 마음에 새기면 어떤 상황에서도 하나님의 뜻을 분별할 수 있게 됩니다.

산제사, 곧 삶을 통해 하나님께 제사를 드린다는 것은 그리스도인들의 삶 속에서 '선하고 온전한 하나님의 뜻을 분별하는 것'을 의미합니다. 그리스도인들의 제사는 하나님의 뜻을 추구하고 확인하는 노력을 요구합니다. 여기서 '분별한다'는 것은 단순한 지적 인식을 넘어서 하나님의 뜻을 구체적으로 실천하는 과정까지 포함합니다. 즉 그리스도인은 하나님이 기뻐하시는 뜻을 분별하고 실천할 때 비로소 하나님이 기뻐하시는 거룩한 산제사를 드릴 수 있게 됩니다. 구약 시대 때 행해진 제사의 거룩함이 '선하고 거룩하고 온전한' 율법의 규정에 충실할 때 확보되었던 것처럼, 오늘날의 산제사의 거룩함 역시 '선하고 온전한' 하나님의 뜻에 순종함으로 얻어지는 것입니다.

성경에 나오는 믿음의 사람들은 삶의 예배를 통해 하나님께 기쁨을 드리는 삶을 산 사람들이었습니다. 다니엘은 배교의 위협 앞에서도 예루살렘을 향하는 창문을 열어 놓고 하나님께 기도하기를 주저하지 않았습니다. 그는 거대 제국의 총리라는 고위공무원이 되어서도 자신의 지혜와 삶의 능력이 어디에서 오는 것인지를 분명히 알고 있었습니다. 그뿐만 아니라 하나님의 백성으로 사는 삶의 예배를 소홀히 하지 않았으며, 세상에 타협하지 않는 순종으로 하나님께 영광을 돌렸습니다.

하나님은 매 주일 우리가 하나님께 드리는 주일 예배도 기뻐하시지만 주일 예배 못지않게 삶의 예배도 주목하십니다. 삶의 예배가 하나님 보시기에 '선하고 온전하게' 드려졌다면 우리의 주일 예배는 더욱더 감격스럽고 은혜의 강수를 누리는 예배가 될 것입니다. 이 세상의 기준을 따르지 않고 변화되어 거룩함에 힘쓰고 그 거룩함을 세상에 전염시키는 것이야말로 하나님이 기뻐하실 만한 살아있는 예배, 즉 영적 예배입니다.

Chapter 04
# 세상의 기준을 버려라

사도 바울은 하나님 안에서 기쁨을 누리기 위한 두 가지의 구체적인 방법을 제시했습니다. 첫 번째는 이 세대를 본받지 않는 것이며, 두 번째는 주님께서 기뻐하시는 일이 무엇인지를 분별하는 것입니다. 이와 같이 그리스도인은 세상의 기준을 따르지 않고, 세상과 구별되어 삶 전체를 산제사로 드려야 합니다. 그리할 때 하나님은 우리의 삶을 기뻐 받으시고, 우리는 예수님 안에서 참된 기쁨을 누릴 수 있습니다.

## 묵상
"너희 몸을 하나님이 기뻐하시는 거룩한 산 제물로 드리라"라는 바울의 권면은 무엇을 의미하는 것일지 생각해 봅시다.

## 적용
술자리, 인터넷 음란물, 게임 중독 등 우리를 죄짓게 하는 것들이 무엇인지 적어보고, 이것들을 끊어내기 위해 결단해 봅시다.

# Chapter 05

# 나의 기준을 버려라

　사람은 자신이 가장 바라고 귀하게 여기는 것을 자랑하기 마련입니다. 그 자랑거리 속에는 개인의 인생관과 세계관이 요약되어 있습니다. 그래서 학자는 '지식'을 자랑하고, 재벌은 '돈'을 자랑하며, 미스코리아는 '외모의 아름다움'을 자랑합니다. 자랑거리란 곧 그 사람이 추구하는 인생의 목적이자 방향입니다.

　프랑스의 철학자 장 자크 루소Jean Jacques Rousseau는 "10대는 케이크로 기쁨을 누리고, 20대는 연인을 향한 사랑에 기쁨을 누리고, 30대는 쾌락에 기뻐하고, 40대는 야망의 성취를 기뻐하고, 50대는 돈에 기뻐한다"라고 했습니다.

　그렇다면 그리스도인은 무엇 때문에 기뻐할 수 있을까요? 우리가 누리는 참기쁨의 근원은 오직 하나님과의 올바른 사귐입니다. 하나님이야말로 기쁨의 근원이 되시기 때문입니다. 예수님을 믿는 사람들에게 세상의 조건과 가치들은 진정한 자랑거리가 될 수 없습니다. 믿는 사람에게 최고의 자랑거리는 '내가 예수님을 믿는 사람이 됐다'는 것입니다. 그런데 오늘날 많은 그리스도인, 즉 예수님을 따르는 사람들은 무엇을 진정으로 자랑해야 하는지 잘 모를 때가 많습니다.

교인이 되는 것은 어렵지 않습니다. 예수님을 믿고 교회를 다니면 누구나 교인이 될 수 있습니다. 그러나 제자는 이렇게 자동으로 되는 것이 아니라, 훈련을 통해서만 가능해집니다. 제자라는 말의 의미는 '스승에게 가르침을 받는 자, 훈련받는 자, 스승을 따르는 자'입니다. 그러므로 구원받은 자라면 교회에 다니는 교인에만 머물러서는 안 되며, 예수님을 따르는 제자가 되기 위해 힘써야 합니다. 그리스도의 제자로서 하나님께 인정받는 삶을 살기 위해 노력해야 합니다.

물론 제자의 길을 걸어간다는 것은 때로는 고난이 뒤따르고 희생을 감내해야 한다는 의미이기도 합니다. 그러나 동시에 우리 주님이 기뻐하시는 길이요, 영광의 길이기도 합니다. 그렇기 때문에 어려움 속에서도 제자가 붙들어야 할 삶의 방향은 하나님의 기쁨이 되고, 하나님만으로 즐거워하는 것입니다. 이 비밀을 모르는 사람은 결코 제자가 될 수 없습니다.

안타깝게도 오늘날 교회 안에는 교인은 많은데 제자는 많지 않습니다. 예수님을 믿는 사람은 많아도 예수님을 닮으려고 하는 사람은 적습니다. 예수님은 하나님의 뜻을 이루기 위해 죽기까지 순종하심으로 하나님의 기쁨이 되셨습니다. 그러므로 구원받은 우리는 예수 그리스도의 인격을 닮아 삶에서 예수님을 나타내는 작은 예수의 삶을 살기 위해 온 힘을 다해야 합니다. 하나님의 뜻에 순종함으로 얻는 기쁨의 영성을 회복해야 합니다. 우리가 여호와야훼를 기뻐할 때 비로소 하나님의 뜻을 행할 수 있는 능력을 얻게 됩니다.

# 예수를 따르려거든

무리와 제자들을 불러 이르시되 누구든지 나를 따라오려거든 자기를 부인하고 자기 십자가를 지고 나를 따를 것이니라 마가복음 8:34

성경은 이 세상 모든 사람이 무엇인가를 따라간다고 말하고 있습니다. 그것은 세상의 부귀, 영화, 권세, 그리고 자신이 이루고자 하는 욕망입니다. 그것을 위해 몸부림치며 살아가는 것이 세상 사람들의 삶이라고 할 수 있습니다. 그렇다면 여기에서 우리도 스스로에게 질문해 봐야 합니다. 지금 우리는 무엇을 향해 살고 있는지, 어떤 가치를 좇으며 살고 있는지, 우리 삶의 기준이 무엇인지, 구원받은 백성으로서 붙잡아야 할 부르심이 있다는 사실을 망각한 채 세상 사람들과 똑같은 길을 따라가고 있는 것은 아닌지 말입니다. 이러한 삶에 대한 진지한 성찰을 통해 우리는 진리 되신 예수님께 한 걸음 더 가까이 나아갈 수 있게 됩니다.

나치의 박해 아래에서 신앙의 신념을 지킨 독일의 신학자 디트리히 본회퍼Dietrich Bonhoeffer는 자신의 저서『나를 따르라』에서 이와 같이 말씀합니다.

"기독교인은 자신의 십자가를 지고, 예수와 이웃의 고난에 동참하는 값비싼 은혜를 누려야 한다."

'값비싼 은혜'라고 표현한 것은 우리가 받은 구원이 거저 받은 것이 아니기 때문입니다. 하나님의 독생자 예수 그리스도의 고귀한 핏값으로 받은 구원으로 그 무엇과 비교할 수 없는 값비싼 은혜입니다. 그러므로 이 귀한 은혜를 받은 우리가 세상의 환경과 사람을 바라보고 따라가면 안 됩니다. 오직 믿음의 주요 온전케 하시는 예수님만 바라보고 나아가야 하는 것이 당연합니다히 12:2.

세상을 바라보면 낙심과 실패와 절망밖에 다가오는 것이 없습니다. 그러나 우리가 받은 은혜는 하나님 아들의 죽음이라는 대가를 치르고 얻은 것입니다. 이 값비싼 은혜를 잊어버린 채 세상의 부귀영화를 따라가서는 안 됩니다. 우리의 영원한 구세주가 되시고, 목자 되시고, 스승 되시는 예수님을 따라가야 합니다. 예수님이 걸어가신 그 길을 묵상하고, 예수님이 걸어가신 그 길을 기쁨으로 걸어갈 수 있어야 합니다.

1978년 11월 18일, 남미 가이아나 밀림에서 900여 명이 독약을 먹고 자살하는 사건이 있었습니다. 미국 인디애나 주에서 시작된 종교집단 인민사원의 교주 짐 존스James Warren Jones가 자기를 따르는 추종자들과 함께 집단 자살의식을 거행한 일입니다. 그는 곧 일어날 핵 전쟁을 피하기 위해 최후의 생존 지역을 만들어야 한다는 명목으로 추종자들을 모아 남미 가이아나 밀림으로 떠났습니다. 그리고 그곳에서 추종자는 물론 아이들에게까지 독약을 먹여 죽음으로 내몰았습니다. 잘못된 지도자로 인한 참사였습니다.

우리가 따라야 할 예수님은 참된 지도자입니다. 아울러 예수님의 참된 제자인 우리는 스승 되신 예수님만 바라보고, 믿고, 의지하며 따라가야 합니다. 예수님의 가르침을 늘 마음에 새기고 그 말씀을 지켜 행하기 위해 온 힘을 다할 때 비로소 예수님의 참 제자가 되는 것입니다. 그러므로 예수님의 참된 제자로서 우리는 예수님께서 우리를 사랑하신 것 같이 우리도 그 사랑을 실천하며 작은 예수의 삶을 살아야 합니다. 예수님께서 자신을 못 박은 사람들을 용서하신 것 같이 우리도 우리를 핍박하는 사람들을, 우리를 뒤에서 헐뜯고 모함하는 사람들을 용서해야 합니다. 사실 용서는 세상의 원리가 아닙니다. 그렇기 때문에 용서가 어렵습니다. 그러나 참된 제자는 용서함으로 세상을 향해 하나님의 은혜의 해를 선포합니다. 이렇게 용서를 통해 하나님의 거룩함을 드러내는 것이 하나님께서 기뻐하시는 일입니다.

또한 예수님께서 온유와 겸손의 모습으로 사신 것처럼 우리도 이제는 높아지려는 마음을 내려놓아야 합니다. 대접받고 섬김을 받는 것을 싫어할 사람은 없습니다. 그런데 예수님은 그렇지 않았습니다. 주님은 최후의 만찬에서도 제자들의 발을 씻기시면서 섬김의 본을 보이셨습니다. 그러므로 우리는 이제 섬김을 받던 모습에서 섬기는 모습으로 살아가야 합니다. 잃어버린 자들을 찾아 예수님의 사랑으로 섬기며 구원을 선포하는 삶을 살아야 합니다. 이것이 바로 우리를 제자로 부르신 예수님의 목적입니다.

인자가 온 것은 잃어버린 자를 찾아 구원하려 함이니라 누가복음 19:10

참된 제자는 스승이 걸어가는 길을 즐겁게 따르는 자입니다. 예수님을 따라가며 예수님을 닮아가는 삶을 살 때 하나님의 은혜가 임하게 됩니다.
참 구주 되신 예수님의 길에 참된 성공이 있고 참된 안식이 있습니다. 이것은 하나님의 자녀가 이 땅에 살면서 받는 최고의 선물인 영원한 기쁨을 누리는 천국의 삶입니다. 이렇게 매 순간 예수님만 따라가다 보면 우리는 어느새 궁극적으로 주님이 예비하신 천국에 들어가게 됩니다.

# 자기를 부인하라

'자기를 부인한다'는 것은 내가 아무것도 아님을 고백하는 행동입니다. 자신을 비우고, 내려놓고, 포기하는 것입니다. 참된 제자의 필수 덕목은 돈이나 명예와 같이 우리가 가진 일부를 포기하는 것이 아니라 가진 전부를 포기한다는 마음의 결단입니다. 그래서 제자가 되려고 할 때 가장 걸림돌이 되는 것은 바로 자기 자신입니다. 예수님을 따르는 사람은 나의 뜻, 나의 계획, 나의 모든 생각을 내려놓고 오로지 예수님의 뜻, 예수님의 계획, 예수님의 영광만을 위해 살아가야 합니다.

미국의 청교도 운동가 월터 챈트리Walter J. Chantry는 자신의 저서 『자기부인』에서 거듭난 그리스도인의 가장 큰 특징을 '자기부인'이라고 정의하며 이렇게 말했습니다.

> "십자가를 지라는 명령은 노련한 병사들뿐만 아니라 신참 병사들에게도 주어지는 명령이다. 이 명령은 하나님의 군대에 들어가기 위한 전제조건이다. 자기부인의 십자가 없이 그리스도인이 되는 것은 절대적으로 불가능하다."

즉 자기부인은 오랫동안 예수님을 믿은 사람뿐만 아니라, 처음 예수님을 믿은 새 가족에게도 똑같이 주어지는 명령인 것입니다.

압둘 라흐만은 아프가니스탄에서 이슬람교도였다가 예수님을 믿고 기독교인이 되었다는 이유 하나만으로 사형 직전까지 갔습니다. 아프가니스탄은 전체 인구 2,500만 명 중 99퍼센트가 이슬람교도입니다. 이들은 배 속에서부터 이슬람교도로 태어납니다. 그래서 압둘 라흐만도 하루에 다섯 번씩 사우디아라비아의 메카를 향해 절을 하고, 라마단 금식을 지키기 위해 1년 중 한 달 동안은 해가 떠있을 때까지 금식하며 철저하게 이슬람교도로 살았습니다. 그러던 그가 파키스탄에 내려가 난민들을 돕다가 기독교 의료단체에서 봉사를 하게 되었고, 그때 예수님을 만났습니다. 4년여 동안 기독교 의료단체에서 난민들을 치료해 주고 생활하다가 예수님의 사랑을 깨닫고 지금까지 자신의 삶을 회개하고 예수님을 영접하게 되었습니다. 이슬람 국가에서 기독교로 개종한다는 것은 앞으로 닥칠 생명의 위협까지도 각오하겠다는 의미입니다. 이슬람법전인 샤리아에 의하면, 이슬람교도가 개종하는 것은 중죄로 규정하고 사형으로 다스리게 되어 있기 때문입니다. 할 수 없이 그는 신앙의 자유를 위해 독일로 건너가 살았습니다. 그러던 중 아프가니스탄에 남겨 두고 온 열네 살과 열세 살의 어린 두 딸을 데려오기 위해서 다시 아프가니스탄에 들어갔습니다. 그런데 압둘 라흐만의 부모님은 그가 기독교로 개종했다는 이유로 만나 주지도 않을 뿐만 아니라, 그의 어린 딸들도 못 만나게 했습니다. 심지어 경찰에 신고까지 해 압둘 라흐만은 체포되어 이슬람을 부인하고 기독교로 개종했다는 죄목으로 법정에 서게 되었습니다. 이제 그는 기독교를 포기하지 않으면 법원에서 사형선고를 받고 죽을 수밖에 없게 된 것이었습니다. 그런 상황에서 압둘 라흐만은 이렇게 고백했다고 합니다.

"나는 이교도도 아니고 도망자도 아니다. 나는 기독교인이다. 나를 처형하기 원한다면 이를 받아들이겠다. 내가 예수님을 믿기 때문에 죽어야 한다면 죽겠다."

이 소식은 곧 매스컴을 타고 전 세계에 퍼져 나갔습니다. 그래서 미국과 영국을 비롯한 세계 각국은 아프가니스탄 정부를 향해 압둘 라흐만을 죽이지 말라는 요청을 쏟아내기 시작했고, 많은 그리스도인이 그를 위해서 기도하기 시작했습니다. 갑자기 압둘 라흐만 사건이 세계적인 이슈가 되면서 여론 앞에 불리해진 아프가니스탄 법원은 압둘 라흐만에게 내렸던 사형 선고를 기각해 버리고 그를 외국으로 추방했습니다. 압둘 라흐만은 이탈리아로 망명하게 되었지만, 결국 부인과 두 딸을 영영히 만날 수 없게 되었습니다. 예수님을 믿기 위해 가족을 포기하면서까지 십자가를 지는 삶을 살게 된 것입니다.

우리는 예수님을 위해서 무엇을 포기하고 있습니까? 자기를 부인한다고 하는 것은 자기에게 주어진 권리를 포기하는 것을 의미합니다. 때로는 우리의 물질을, 우리의 시간을, 우리의 재능을, 우리가 가진 전부를 포기해야 할 때가 올지도 모릅니다. 그때 우리가 참된 제자라면 모든 것을 포기하신 예수님을 묵상하고 예수님을 바라볼 수 있어야 합니다.

> 그는 근본 하나님의 본체시나 하나님과 동등됨을 취할 것으로 여기지 아니하시고 오히려 자기를 비워 종의 형체를 가지사 사람들과 같이 되셨고 사람의 모양으로 나타나사 자기를 낮추시고 죽기까지 복종하셨으니 곧 십자가에 죽으심이라 빌립보서 2:6-8

예수님의 섬김의 모습은 자기 자신의 생명까지 내어놓는 것을 포함하고 있습니다. 그야말로 철저하게 자기를 부인하는 섬김이었습니다. 우리가 예수님을 따르려면 이처럼 자신을 철저히 부인해야 합니다. 자기를 부인한다는 것은 우리 삶의 주인이 우리 자신이 아니라 예수님이 되어서, 예수님의 뜻이 우리의 뜻이고, 예수님의 일이 우리의 일이며, 예수님의 영광이 우리의 영광이 되는 그런 삶을 살아가야 하는 것입니다. 예수님이 우리 삶의 주인이시기 때문에 모든 결정을 주님께 맡겨 드리고, 주님이 기뻐하는 일을 하는 그것이 참된 제자의 모습입니다.

사도 바울은 예수님을 믿고 난 다음 자신의 변화된 삶의 모습을 갈라디아서 2장 20절을 통해 이렇게 고백하고 있습니다.

> 내가 그리스도와 함께 십자가에 못 박혔나니 그런즉 이제는 내가 사는 것이 아니요 오직 내 안에 그리스도께서 사시는 것이라 이제 내가 육체 가운데 사는 것은 나를 사랑하사 나를 위하여 자기 자신을 버리신 하나님의 아들을 믿는 믿음 안에서 사는 것이라 갈라디아서 2:20

자신의 인생을 스스로 살아가는 것만큼 피곤하고, 지치고, 어려운 일이 없습니다. 인생을 살아가는 동안 끊임없이 문제가 다가옵니다. 들리는 소식은 모두 우리를 낙심케 하는 것들이고, 때때로 모함을 당하기도 합니다. 그저 우리의 인생을 스스로 살아가려고 하는 것뿐인데 너무 힘듭니다. 그런데 '나는 주님의 것입니다. 내 명예도, 내 재산도, 내 계획도, 내 인생의 목표도 다 주님의 것입니다'라고 고백하며, 예수님을 우리 인생의 주인으로 모시고 살아가면 그때부터는 마음에 평안함이 다가옵니다. 이것이 은혜입니다.

그런데 또 자기를 부인하는 일은 여간 만만한 일이 아닙니다. 그래서 하나님께서는 우리를 도와주실 성령님을 보내 주셨습니다. 우리가 말씀을 붙잡고 성령님을 의지하며 기도할 때 성령님께서 우리를 도와주십니다. 이것이 성령의 능력이고, 생명의 성령의 법로마서 8:2이 우리를 지배하게 되는 일입니다. 우리가 성령님을 힘입어 자신을 부인하고 살면 그때부터 놀라운 일이 일어납니다. 첫째로, 우리가 아무리 실패해도 낙심하지 않게 됩니다. 왜냐하면 주님이 우리를 다시 일으켜 주실 것을 믿기 때문입니다. 둘째로, 성공해도 교만하지 않습니다. 주님께서 성공하게 해주셨음을 알기 때문입니다. 우리는 주님 때문에 온갖 탐욕의 노예로부터 자유함을 얻을 수 있습니다.

언제 어디서 무엇을 하든지 성령충만으로 자기를 부인하는 삶을 산다면 성령의 열매인 사랑과 희락, 화평과 오래 참음, 자비와 양선, 충성과 온유 그리고 절제의 아홉 가지의 열매를 맺는 삶, 하나님께 영광 돌리는 삶을 살 수 있습니다. 오직 예수님만이 우리의 모든 것이 되시는 삶을 살게 되는 것입니다.

## 십자가를 기뻐하라

> 또 무리에게 이르시되 아무든지 나를 따라오려거든 자기를 부인하고 날마다 제 십자가를 지고 나를 따를 것이니라 누가복음 9:23

'자기 십자가를 진다'는 것은 하나님께서 맡기신 사명을 위해 반드시 우리가 감당해야 하는 어떤 것이 있음을 말합니다. 그것은 예수님이 인류의 구원을 위해 십자가에서 돌아가신 것처럼, 우리가 예수님의 제자이기에 당하는 핍박과 억울한 고통, 슬픔, 희생, 손해, 순교까지도 감내하는 것입니다. 이것이 우리 각자가 감당해야 할 사명의 십자가입니다. 그런데 굳이 '십자가를 지겠다'고 결심하지 않아도, 이미 우리는 누구나 십자가를 지고 있습니다. 가정의 십자가, 직장의 십자가, 교회에서의 십자가가 바로 그것입니다. 어떤 사람이 저에게 편지로 상담을 해왔는데 내용이 황당했습니다.

> "목사님, 제가 엉겁결에 결혼했는데 살다 보니 도저히 맞지 않습니다. 그런데 최근에 진짜로 저와 맞는 사람을 찾았습니다. 제가 그 사람하고 새로운 가정을 이루고자 하는데 기도해 주세요."

이 사람은 자신의 십자가가 무엇인지 모르고 있었습니다. 원래 결혼이라는 것이 서로 다른 두 사람이 만나 맞추며 사는 것입니다. 결혼하기 전까지 수십 년을 다른 환경에서 자랐는데 어떻게 서로 맞을 수가 있겠습니까? 불가능한 일입니다. 그래서 저는 이렇게 답변했습니다.

"결혼하면 원래 맞지 않는 것이 당연합니다. 그런데 맞추며 사는 것이 사랑이고, 십자가입니다."

우리의 문제는 십자가를 지지 않으려고 한다는 점입니다. "아! 그때는 내가 잘못 보았는데, 이제 눈이 떠서 제대로 보게 되었습니다" 하고 말하는데, 그렇지 않습니다. 행복한 결혼 생활의 조건은 피차 십자가를 지는 것입니다. 때로는 남편이나 아내, 그리고 부모님이 십자가가 될 수가 있고, 자녀가 십자가가 되기도 합니다. 착하게 자라던 아이가 사춘기가 되었다고 180도 돌변해 반항하고, 비뚤어진 행동을 하고, 세상에 빠져서 부모 마음을 걱정시키는 일이 생길 수도 있습니다. 그러나 그것이 부모가 져야 할 십자가입니다. 그 십자가를 기쁘게 지고 가야 합니다. 그 십자가를 중간에 내려놓으면 안 됩니다.

직장에서도 십자가를 져야 합니다. 예수님을 믿는다고 회식 자리에서 술 대신 콜라만 마신다고 핍박받을 수 있습니다. 혼자서만 잘나간다고 다른 사람이 시기해서 상처를 받을 수도 있습니다. 교회에서 주님의 일을 하다가도 억울하게 미움을 받아서 핍박을 받을 수 있습니다. 이것이 십자가입니다. 힘들다고 무겁다고 내려놓고 도망가지 말고 묵묵히 십자가를 지고 가야 합니다. 예수님은 죽음의 자리까지 십자가를 지고 가셨습니다. 예수님의 제자인 우리도 그 길을 가야 합니다. 고통이 되더라도, 희생을 감내하고서라도 기쁨으로 십자가를 져야 합니다.

> 예수께서 이르시되 내가 진실로 너희에게 이르노니 나와 복음을 위하여 집이나 형제나 자매나 어머니나 아버지나 자식이나 전토를 버린 자는 현세에 있어 집과 형제와 자매와 어머니와 자식과 전토를 백 배나 받되 박해를 겸하여 받고 내세에 영생을 받지 못할 자가 없느니라 마가복음 10:29-30

마가복음이 기록될 당시 로마교회 성도들은 예수님을 믿기 위해 가족이나 직업은 물론 생명까지도 포기해야 할 위협 앞에 놓여 있었습니다. 실제로 예수님을 믿는다고 하면 처형을 당하던 시기였기 때문입니다. 자기 십자가를 지지 않고는 절대로 예수 그리스도를 따를 수 없었습니다.

그렇다면 지금 우리는 어떻습니까? 십자가를 지기 위해 노력하고 있습니까? 혹여 고생스럽다고 자신의 십자가를 피해 달아나고 있지는 않습니까? 자신의 십자가를 다른 사람에게 슬그머니 떠넘기고 있지는 않습니까?

오로지 편안한 삶만을 찾아서 도망 다니고 있지는 않습니까? 우리에게 주어진 사명이 무엇이었는지조차 잊고 있지는 않습니까?

그리스도인으로서 십자가를 지지 않으면 우리의 믿음은 성장할 수 없습니다. 더 깊은 은혜 가운데로 나아갈 수도 없습니다. 적당히 세상과 타협하고 살면 육신은 편할지 몰라도 영적으로는 아무런 은혜가 없기 때문입니다. 우리에게 주어진 사명이 무엇입니까? 마음속에 어떤 사명을 품고 믿음으로 살아가고 있습니까? 사명을 잃어버린 인생은 불행합니다. 그러나 사명이 있는 인생은 고난이 닥쳐도 행복하고 기뻐할 수 있습니다. 무슨 일을 만나도 흔들리지 않게 됩니다.

예수 그리스도의 참된 제자인 우리는 날마다 자기 십자가를 지고 맡은 자리에서 온 힘을 다해야 합니다. 우리가 맡은 바 사명을 깨닫고 그 사명을 위해 일생을 걸어가야 합니다. 기쁘게 십자가를 지고 가면 마침내 약속받은 천국의 안식을 누리게 됩니다.

한국교회의 큰 기둥이었던 하용조 목사는 2011년 8월 2일 하나님 나라로 갔습니다. 일곱 번이나 암수술을 하고, 매주 세 차례 이상 신장투석을 했던 그는 삶 자체가 십자가였습니다. 늘 질병이라는 십자가를 지고 평생을 묵묵히 사명을 이루시기 위해서 사역했습니다. 하나님께서 하용조 목사를 통해 세우신 온누리교회는 각 지역에 아홉 개의 성전, 네 개의 기도처, 스물다섯 개의 비전교회로 성장했고, 총 7만 5,000여 명의 성도가 교회를 섬기고 있습니다. 특별히 하용조 목사는 세계선교를 위해 한류스타들과 문화선교집회를 여는 등 문화와 선교를 접목한 새로운 선교 형태의 문을 연 선구자이기도 합니다. 이러한 하용조 목사는 뇌출혈로 쓰러지기 직전까지도 힘을 다해 주일 예배 설교를 준비했다고 합니다. 2011년 5월

17일 하용조 목사는 자신의 트위터에 이런 글을 남겼는데, 뇌출혈 수술 후 숨져 사실상 이 글이 마지막 유언이 되고 말았습니다.

"아무리 바빠도 좋아하는 것을 할 때는 신이 난다. 하나님의 일은 바쁘지만 즐겁고 재미있다. 하나님을 위해 바쁘게 살라."

온누리교회 성도들이 하용조 목사의 소천을 안타까워하고 슬퍼하며 트위터에 이러한 글들을 남겼습니다.

"온화하지만 열정적이었고, 사랑과 긍휼이 많았던 하용조 목사님. 세상에서 빛과 소금으로 살다가 주님 품으로 돌아가신 하용조 목사님, 사랑합니다. 보내는 우리의 마음은 비록 슬프지만 목사님을 위해 준비된 천국의 축제가 얼마나 크고 기쁠지 생각만으로도 설렙니다. 그 삶을 닮기를 원합니다. 목사님, 편히 쉬세요. 정말 보고 싶을 것이고 그 사랑을 잊지 못할 거예요. 우리 모두가 사랑한 목사님이 계셔서 참으로 행복했습니다."

예수님의 참된 제자인 우리는 일생을 십자가를 지고, 사명을 감당하며, 예수님으로 말미암아 기뻐하는 삶을 살다가 하나님 앞에 서는 날 "잘하였도다 착하고 충성된 종아"마 25:21라고 칭찬받는 자리에 있어야 합니다. 이것이 바로 하나님을 기뻐하고 십자가를 기뻐하는 삶입니다.

# 나는 날마다 죽노라

누구든지 자기 목숨을 구원하고자 하면 잃을 것이요 누구든지 나와 복음을 위하여 자기 목숨을 잃으면 구원하리라 마가복음 8:35

여기서 '목숨을 잃는다'는 표현은 생명을 다하는 헌신을 의미합니다. 자기 생명을 스스로 구원하고자 십자가의 길을 버린다면 영원한 생명을 잃게 되지만, 예수님과 복음을 위해 자기애와 세상 욕심을 부인하는 삶을 살 때는 성령충만한 삶을 살게 되고 영원한 생명까지 얻게 된다는 말입니다. 이 생명은 천하보다 귀한 것으로 그 무엇을 주고도 살 수 없습니다.

로마 시대의 기독교인들은 발각되면 체포되어 고문을 받았습니다. 재판관들은 그들에게 예수님을 부인하고 황제 만세를 외치면 살려 주겠다고 회유하기도 했습니다. 몇몇 사람은 목숨을 부지하기 위해 타협했습니다. 그들은 장차 더 큰 심판이 있다는 것을 알지 못했기 때문입니다. 반면에 수많은 성도는 예수님을 따르기 위해서 목숨을 포기했습니다. 그들은 순교의 제물이 되어 세상을 떠났지만, 예수님께서는 그들에게 영생으로 갚아 주셨습니다. 그리고 후에 그들의 피를 통해서 로마를 점령하고 기독교가 국교가 되게 하셨습니다. 기독교를 박해하던 로마가 공식적으로 예수 그리스도를 주로 섬기게 된 것입니다. 이러한 역사적 사실은 '예수님을 위해서 생명을 포기한 사람들은 결국 승리한다'는 사실을 보여 주고 있습니다. 제자의 삶은 예수 그리스도와 복음을 위해 헌신하는 정도를 떠나 생명까지 내어놓을 수 있는 결단을 요구합니다.

프랑스에는 '광야박물관'이라는 곳이 있습니다. 이 박물관은 18세기 프랑스에서 자행되었던 개신교에 대한 극심한 박해를 피해 성도들이 들판이나 산지에 모여 예배드리던 역사적 현장과 유물을 보존하고 있는 곳으로, 당시의 개혁교회를 '광야교회'로 부른 것에 기인했다고 합니다.

1685년 당시 가톨릭교회의 지지를 받던 프랑스 정권은 개혁교회를 승인했던 낭트칙령1598년을 철회하고 프랑스 내에 있던 모든 개혁교회를 박해했습니다. 개혁교회의 예배를 금지하고, 집회에 참석하는 성도들에게는 사형 및 종신형 등의 강력한 처벌을 선고했습니다. 그러한 모진 박해에도 개혁신앙을 지키기 위해 싸운 이들의 저항은 참으로 눈물겹고 감동적이었습니다. 개혁교회 목회자들은 특별히 제작된 형틀 위에서 모든 뼈가 부서지는 참혹한 고문을 당한 뒤 사지가 절단되고 마지막에는 참수형을 당했습니다. 여자들은 탈출할 수 없는 높은 탑에 갇혀 수십 년을 추위와 굶주림 속에서 살아야 했고, 남자들은 예외 없이 끌려가 프랑스 왕의 전함 밑창에서 죽을 때까지 손목과 발목에 쇠고랑을 찬 채 노를 저어야 했습니다. 수없이 많은 성도가 신앙을 지키기 위해 그렇게 노예선 안에서 죽어갔습니다.

광야박물관의 많은 전시품 중에 유난히 눈길을 끄는 한 점의 전시품이 있습니다. 노예선에서 나온 것으로 여겨지는 조그마한 나무판입니다. 거기에는 피골이 상접한 노 젓는 한 사람의 모습이 그려져 있는데, 그의 손목과 발목에는 쇠고랑이 채워져 있습니다. 그런데 그 그림과 함께 새겨진 글귀가 너무나 가슴을 찡하게 합니다.

"주님, 저로 하여금 제 손목의 쇠고랑을 당신과의 혼인반지로 삼게 하시고 제 발목의 쇠고랑을 당신의 사랑의 사슬로 여기게 하소서."

그들은 신앙을 지키기 위하여 순교까지도 기꺼이 감당하는 삶을 살았습니다. 왜냐하면 그들에게 예수님은 이 세상에게 빼앗길 수 없는 기쁨 그 자체였기 때문입니다. 지금의 시대는 우리에게 순교를 요구하지 않습니다. 그러나 우리는 복음에 빚진 자로서 순교자적인 정신을 가지고 제자의 삶을 살아가는 것이 마땅합니다.

다니엘의 세 친구 사드락과 메삭과 아벳느고도 그랬습니다. 그들은 하나님을 부인하고 금 신상 앞에 절할 수가 없어서 기꺼이 풀무불에 들어가 순교하기를 자청했습니다. 그러나 죽고자 했을 때 오히려 그들은 머리털 하나 상하지 않고 살아날 수 있었습니다. 이처럼 그리스도의 복음을 위하여 자기의 목숨을 내어놓으면 영원한 생명을 얻습니다 막 8:35. 하나님께서 우리를 부르신 목적은 제자로서 당신의 뜻에 순종하도록 하는 것입니다. 복음을 위해 살기로 작정할 때 하나님은 우리를 기뻐하십니다.

살고자 하니 문제지, 죽겠다는 데 무슨 문제가 있겠습니까? 죽을 마음으로 못할 일은 하나도 없습니다. 죽어야 살고, 잃어야 얻는 것이 복음의 진리입니다. 차라리 총에 맞아 단번에 죽는 것은 오히려 쉬울 수도 있습니다. 그것보다 매일매일 순교하는 마음으로 사는 것이 더 어려운 것입니다. 날마다 자기 십자가를 지는 삶, 날마다 자신을 쳐서 그리스도께 복종시키는 삶이야말로 쉽지 않습니다. 그래서 사도 바울은 "나는 날마다 죽노라"라고 자랑했던 것입니다.

> 형제들아 내가 그리스도 예수 우리 주 안에서 가진바 너희에 대한 나의 자랑을 두고 단언하노니 나는 날마다 죽노라 고린도전서 15:31

예수님이 온전한 순종의 제사로 하나님의 기쁨이 되신 것처럼 예수님을 따르는 이들에게도 이러한 믿음의 비밀이 있어야 합니다. 제자가 가져야 할 믿음의 비밀이란, 예수님이 기쁨이 되고, 예수님을 기쁘시게 하는 것을 삶의 목적으로 고백할 수 있는 것을 말합니다. 이것이 비밀인 이유는 쉽게 드러나지 않기 때문입니다. 우리가 교회 안에 있으면 모두 다 예수님을 믿는 것처럼 보입니다. 그 믿음이 진짜인지 가짜인지 분간하기가 어렵습니다. 그러나 그 여부는 우리가 고난을 당할 때 드러납니다. 진정한 제자라면 자기를 부인하고 자기 십자가를 지고 따라갈 각오가 되어 있습니다. 그러나 가짜 제자는 눈앞에 있는 자신의 유익을 포기하지 못합니다.

　기쁨의 근원되시는 예수님을 위해 사는 인생은 자기를 부인하고 자기 십자가를 지며 사는 것입니다. 그렇게 십자가를 질 때, 부활의 능력이 우리와 함께 머물게 됩니다. 이것이 하나님의 반석 위에 짓는 인생의 집입니다. 이것은 오직 예수 그리스도 안에서만 가능합니다.

Chapter 05

# 나의 기준을 버려라

우리가 누리는 참기쁨의 근원은 하나님과의 올바른 사귐에서 나옵니다. 우리는 기쁨의 근원되시는 하나님을 위해 살아가야 하며, 이러한 삶은 그리스도의 제자로서 자기를 부인하고 자기 십자가를 지며 사는 것입니다. 예수님의 십자가를 우리가 함께 지고 그 십자가를 기뻐하며 살아갈 때, 예수님의 부활의 능력이 우리와 함께 머물게 됩니다. 제자의 길을 걸어가는 것은 고난과 희생이 뒤따르지만 주님께서 기뻐하시는 길이요, 영광의 길입니다.

### 묵상
현재 우리 자신의 삶의 목표 가운데 예수님보다 우선시되고 있는 것은 없는지 되돌아봅시다.

### 적용
가정, 학교, 직장, 교회에서 자신에게 맡겨진 십자가는 무엇인지 생각해 보고, 매일 그 십자가를 기쁨으로 감당할 수 있게 해달라고 기도합시다.

## Chapter 06

# 하나님의 임재를
# 사모하라

    그리스도인의 기쁨은 세상과 하나님 사이에서 갈등하지 않는 거룩함에서 드러납니다. 이는 우리가 그리스도 안에서 새로운 피조물로 창조되었다는 의미이기도 합니다. 새 창조로의 부르심은 이전과는 전혀 다른 새로운 삶으로의 부름입니다. 진정한 변화는 외형만 바꾸는 화장이나 일시적인 다이어트로 되는 것이 아닙니다. 진정한 변화는 내면에서부터 시작되기 때문입니다. 건강을 위해 냉장고를 정리하려면 불량식품부터 내다 버려야 하듯이 이 세대에 속한 관습, 전통, 가치관을 버리지 않은 상태에서 진정한 마음의 변화는 불가능합니다.

    그러나 그동안 우리가 붙들어 왔던 가치관이나 삶의 기준을 송두리째 벗어던진다는 것은 결코 쉬운 일이 아닙니다. 그래서 이러한 변화는 오직 하나님과의 만남을 통해서만 얻을 수 있습니다. 신앙생활은 형식과 습관이 아닙니다. 매일매일 살아계신 하나님과 만나는 체험입니다. 이 체험이 없으면 아무리 교회를 오래 다녀도 무기력한 신앙생활을 하게 되고, 문제를 만났을 때 쉽게 낙심하며, 결국에는 교회를 떠나는 일까지 생기게 됩니다.

모세가 이스라엘 구원 역사의 주인공으로 쓰임받을 수 있었던 것도 광야에서 하나님을 만나는 체험이 있었기 때문입니다. 모세는 애굽의 궁전에서 왕자의 신분으로 자라다가 애굽 사람을 죽인 죄로 도망자의 신세가 되어 미디안 광야에서 40년 동안 양 치는 일을 했습니다. 가장 높은 자리에서 가장 낮은 자리로 내려가게 된 것입니다. 모세가 80세가 되어 완전히 깨어져 인간적인 꿈도 야망도 다 사라졌을 때 하나님께서는 그를 찾아오셨습니다. 그리고 모세에게 이스라엘 자손을 애굽의 종살이에서 구원하라는 사명을 주셨습니다. 모세가 그 사명을 이루기 위해서는 먼저 요구되는 것이 있었습니다. 그것은 거룩함이었습니다. 이것은 모세뿐 아니라 성경에 등장하는 모든 하나님의 사람에게 요구되는 것입니다.

## 임재의 장소에 나아가라

> 여호와(야훼)의 사자가 떨기나무 가운데로부터 나오는 불꽃 안에서 그에게 나타나시니라 그가 보니 떨기나무에 불이 붙었으나 그 떨기나무가 사라지지 아니하는지라 출애굽기 3:2

모세가 광야에서 양을 치던 중 하나님의 산인 호렙 산에 이르게 되었을 때 떨기나무에 불이 붙은 모습을 보게 되었습니다. 히브리어로 '쓰네'라고 하는 떨기나무는 시내 광야 건조한 지역에서 흔히 볼 수 있는 관목과의 키 작은 가시덤불로, 땅이 가열되면 쉽게 불타는 특성을 가졌다고 합니다. 모세가 보니 보통 떨기나무에 불이 붙으면 불과 몇 분 사이에 다 타버리는데 이번에는 이상하게도 불은 붙었는데 나무가 타지 않았습니다.

> 이에 모세가 이르되 내가 돌이켜 가서 이 큰 광경을 보리라 떨기나무가 어찌하여 타지 아니하는고 하니 출애굽기 3:3

떨기나무는 땔감으로 사용하기에도 부적합할 만큼 나무 중에서는 가장 볼품없고 쓸모없는 나무입니다. 성경에서 말하는 이 볼품없고 앙상한 떨기나무는 고난 가운데 처해 있는 이스라엘 민족을 상징합니다. 동시에 이 떨기나무는 하나님을 떠난 우리 인생을 말합니다. 그런데 떨기나무에 불이 붙었다고 했습니다. 이 불은 하나님의 임재를 상징합니다. 우리의 인생이 가시가 난 가시떨기나무 같고 잡초 같다 할지라도 하나님의 불이 붙으면 놀라운 일이 일어나기 시작하는 것입니다.

떨기나무에 불이 붙은 것은 이스라엘 백성에게 하나님이 임하셔서 함께 하신다는 뜻입니다. 하나님께서는 출애굽 한 이스라엘을 낮에는 구름 기둥, 밤에는 불 기둥으로 인도하셨습니다.

> 여호와(야훼)께서 그들 앞에서 가시며 낮에는 구름 기둥으로 그들의 길을 인도하시고 밤에는 불 기둥을 그들에게 비추사 낮이나 밤이나 진행하게 하시니 낮에는 구름 기둥, 밤에는 불 기둥이 백성 앞에서 떠나지 아니하니라 출애굽기 13:21-22

캄캄한 어둠일지라도 이스라엘 백성은 불 기둥이 가는 대로 따라가기만

하면 되었습니다. 우리 역시 절망의 밤을 통과할 때 성령의 불 기둥이 우리를 인도하여 모든 어려움을 이기게 합니다. 하나님의 임재를 상징하는 불은 우리의 마음을 뜨겁게 합니다. 오순절 날 마가의 다락방에 모였던 120명의 제자들에게도 하나님의 불인 성령의 불이 임했습니다.

> 마치 불의 혀처럼 갈라지는 것들이 그들에게 보여 각 사람 위에 하나씩 임하여 있더니 그들이 다 성령의 충만함을 받고 성령이 말하게 하심을 따라 다른 언어들로 말하기를 시작하니라 사도행전 2:3-4

성령의 불이 임할 때에 그들의 마음이 뜨거워졌습니다. 마음이 뜨거워진 그들은 그리스도의 복음을 가지고 예루살렘과 유대와 사마리아와 땅끝까지 이르러 세상을 뜨겁게 하는 사람들이 되었습니다. 우리의 심령에 하나님의 불, 성령의 불이 타오를 때 우리는 방언을 말하고 성령의 은사를 받아 예수님을 증거하는 사람이 되는 것입니다. 그러므로 우리는 이렇게 기도해야 합니다.

"성령의 불로 우리의 마음이 뜨거워지게 하옵소서. 이 땅에 부흥의 불이 떨어지게 하옵소서."

또한 하나님의 임재를 상징하는 불은 죄와 질병과 사탄을 태우는 불입니다.

> 우리 하나님은 소멸하는 불이심이라 히브리서 12:29

공주대학교에 재직 중인 백기현 교수는 성악가이자 오페라 단장으로 〈오페라 이순신〉을 제작하기도 했습니다. 백기현 교수는 두 살 때 높은 곳에서 떨어지는 바람에 척추결핵으로 뼈가 곪아 구루병이 진행되어 척추장애인이 되었습니다. 그는 고등학교 때부터 교회를 다니기 시작했지만, 항상 뒤에서 누가 자신의 굽어진 등을 보고 흉을 보는 것 같아 예배에 집중을 할 수가 없었습니다.

  성악으로 서울대학교 음악대학과 같은 대학원을 졸업한 그는 27세의 젊은 나이에 대학교수가 되었습니다. 누가 보아도 대단한 성공을 거둔 그였지만, 굽어진 등에 대한 열등감은 그의 마음을 떠나지 않고 늘 괴롭혔습니다. 계속해서 성공의 가도를 달리던 중 2005년에 그의 인생 최대 위기가 몰려왔습니다. 재정난과 가정 문제 등 여러 가지 문제가 한꺼번에 닥쳐와 그를 괴롭히기 시작했습니다. 그때 그를 위해 중보기도하던 분이 그에게 부흥회 참석을 권유했고, 마음에 내키지는 않았지만 부흥회에 참석하게 되었습니다. 그런데 그렇게 참석한 부흥회가 그의 인생의 전환점이 되었습니다. 부흥회에서 성령의 불을 받은 후 성령의 능력으로 곱사등이 펴지는 놀라운 기적을 체험했던 것입니다. 백기현 교수는 그때의 상황을 이렇게 이야기했습니다.

"저의 의지와 상관없이 팔, 다리, 허리 등이 꺾이기 시작하더니, 50여 년 동안 불쾌하였던 등줄기가 시원해지면서 등에 답답하던 무엇이 툭 터져버린 것 같은 것을 느꼈습니다. 저는 '두려워 마라, 내가 너의 굽은 등을 펴겠다'는 하나님의 음성을 들었습니다. 저의 몸은 성령에 이끌리어 비틀리는 현상이 계속되었고, 성령께서 더욱 뜨겁게 저의 등을 만지셨습니다. 새벽 6시, 눈물, 콧물, 땀으로 범벅이 된 옷을 벗고 거울 앞에 서서 보니 굽었던 저의 등이 모두 펴진 것이었습니다. 저는 옆방에서 자던 아내를 깨웠고, 아내는 변화된 내 모습을 보더니 '하나님이 함께 하셨어요!'라고 외쳤습니다."

성령의 불은 백기현 교수의 굽은 등뿐만 아니라 그가 가지고 있던 간염과 사시안斜視眼까지 모두 태워 버렸습니다.

성령의 불은 질병을 태울 뿐만 아니라 빛을 밝히는 능력이 있습니다. 불이 있는 곳은 어둠이 물러갑니다. 불신의 어둠, 절망의 어둠, 방탕의 어둠, 우상숭배의 어둠이 물러가게 되는 것입니다.

하나님께서는 모세가 불붙은 떨기나무 앞에 다가갔을 때 모세를 부르셨습니다. 우리 역시 임재의 장소에 나아갈 때 하나님을 만날 수 있습니다.

> 여호와(야웨)께서 그가 보려고 돌이켜 오는 것을 보신지라 하나님이 떨기나무 가운데서 그를 불러 이르시되 모세야 모세야 하시매 그가 이르되 내가 여기 있나이다 출애굽기 3:4

## 신을 벗으라

> 하나님이 이르시되 이리로 가까이 오지 말라 네가 선 곳은 거룩한 땅이니 네 발에서 신을 벗으라 출애굽기 3:5

모세가 떨기나무의 불을 보려고 갔을 때 하나님께서는 모세에게 "네가 선 곳은 거룩한 땅이니 신을 벗으라"고 말씀하셨습니다. 구약성경을 보면 하나님의 사람들은 거룩한 장소에서 신을 벗었습니다. 모세뿐 아니라 여호수아도 신을 벗었습니다.

> 여호와(야훼)의 군대 대장이 여호수아에게 이르되 네 발에서 신을 벗으라 네가 선 곳은 거룩하니라 하니 여호수아가 그대로 행하니라 여호수아 5:15

우리는 하나님 앞에서 꾸밈없는 본연의 내 모습을 보여야 합니다. 모세는 모세가 되기 위하여 자기의 신발을 벗었고, 여호수아도 여호수아가 되기 위하여 자기의 신발을 벗었습니다. 우리도 우리 자신이 되기 위하여 신발을 벗어야 합니다. 모세와 여호수아가 하나님 앞에서 신발을 벗는 결정적인 결단이 있기 전에는, 그들의 신앙생활은 단지 훌륭한 모방에 불과했습니다. 그러나 모세와 여호수아가 그들의 신발을 하나님 앞에서 벗었을 때 그들은 하나님의 사람으로 변화되었습니다.

우리도 마찬가지입니다. 아무리 오랫동안 신앙생활을 했더라도 아직 하나님 앞에서 신발을 벗는 결정적인 결단이 없다면 우리들의 신앙생활은 수박 겉핥기식 신앙생활이요, 찰싹거리는 얕은 물가에서 서성이며 그저 멋진 신앙생활을 감상하는 수준에 지나지 않습니다.

그러면 왜 우리가 하나님 앞에서 신발을 벗어야만 본격적으로 승리하는 신앙생활을 할 수 있는 것일까요? 하나님이 모세에게 하신 말씀을 잘 보면 답이 있습니다.

> 네가 선 곳은 거룩한 땅이니 네 발에서 신을 벗으라 출애굽기 3:5

모세가 신었던 신발은 더러운 세상을 밟던 신발이요, 살인하던 신발이었습니다. 광야를 헤매며 회의와 고독, 실패와 상처로 얼룩진 절망의 신발이요, 사명을 저버리고 광야에서 숨어 지내던 도망자의 신발이었으며, 열등감과 교만의 신발이었습니다. 그 더러운 신발을 가지고는 거룩한 사명의 땅에 들어가지 못합니다. 이제 모세는 도피의 시대, 방황의 시대를 마감하고, 사명의 새 땅을 걸어야 합니다. 그러므로 낡은 신발, 낡은 자세를 과감히 버려야 합니다. 그것은 진정한 회개입니다.

오늘 우리에게도 하나님께서는 동일하게 말씀하고 계십니다. "네가 선 곳은 거룩한 땅이니 네 발에서 신을 벗으라" 하나님께서는 우리에게 새 사명을 주시기 원하십니다. 그 사명을 받기 전에 먼저 죄악의 신을 벗어야 합니다. 교만의 신발, 절망의 신발, 원망과 불평의 신발, 불순종의 신발, 위선의 신발, 자기 자랑의 신발, 탐욕의 신발을 벗어야 합니다. 남에게 말로나 행동으로 상처를 주었던 죄의 신발, 용서하지 못했던 죄의 신발, 요나처럼 사명을 피해서 도망쳤던 죄의 신발, 방탕과 음란의 죄의 신발을 벗어야 합니다. 우리가 거할 처소인 주님의 품은 거룩하기 때문입니다. 거룩하신 하나님과 함께 생활하고 함께 안식하려면 우리의 더러운 신발, 때 묻은 신발을 벗어야만 합니다. 하나님의 품속에 가까이 안기려면 우리의 타고난 고집, 더러운 습관을 벗어던져야만 합니다. 하나님이 계신 곳은 온통 거룩하기 때문입니다. 그래서 하나님께서는 그의 거룩하신 주권을 열 가지 계명으로 정리해 주셨습니다.

첫째, 하나님은 우리들의 마음에 대하여 거룩하신 주권을 주장하셨습니다. "나 외에는 다른 신들을 네게 두지 말라"

둘째, 하나님은 우리들의 창조 생활에 대하여 거룩하신 주권을 주장하셨습니다. "너를 위하여 새긴 우상을 만들지 말고"

셋째, 하나님은 우리들의 언어 생활에 대하여 거룩하신 주권을 주장하셨습니다. "너는 네 하나님 여호와야훼의 이름을 망령되게 부르지 말라"

넷째, 하나님은 우리들의 시간에 대하여 거룩하신 주권을 주장하셨습니다. "안식일을 기억하여 거룩하게 지키라"

다섯째, 하나님은 우리들이 살고 있는 세상의 질서에 대하여 거룩하신 주권을 주장하셨습니다. "네 부모를 공경하라"

여섯째, 하나님은 우리들의 생명에 대하여 거룩하신 주권을 주장하셨습니다. "살인하지 말라"

일곱째, 하나님은 우리들의 거룩한 육체에 대하여 거룩하신 주권을 주장하셨습니다. "간음하지 말라"

여덟째, 하나님은 우리들의 경제 생활과 물질에 대하여 거룩하신 주권을 주장하셨습니다. "도둑질하지 말라"

아홉째, 하나님은 우리들의 명예에 대하여 거룩하신 주권을 주장하셨습니다. "네 이웃에 대하여 거짓 증거하지 말라"

열 번째, 하나님은 우리들의 내적 순결과 동기에 대하여 거룩하신 주권을 주장하셨습니다. "네 이웃의 소유를 탐내지 말라"

이것이 바로 모세에게 주신 십계명입니다 출애굽기 20:3-17.

우리가 하나님 앞에서 신발을 벗어야 하는 이유는 우리를 사랑하사 우리를 구원하신 하나님이 거룩하시고, 하나님이 지으신 만물이 거룩하기 때문입니다.

> 내가 거룩하니 너희도 거룩할지어다 레위기 11:45

그래서 하나님께서는 자녀인 우리에게도 거룩할 것을 요구하십니다. 성도聖徒는 거룩함의 도를 따르는 무리라는 뜻을 가지고 있습니다. 성도의 기쁨은 소유의 넉넉함에 있지 않습니다. 우리가 하나님의 자녀로 살고자 하고, 그분의 뜻을 즐거워하는 자녀로 변화될 때 주어지는 것입니다.

> 옛적 이스라엘 중에는 모든 것을 무르거나 교환하는 일을 확정하기 위하여 사람이 그의 신을 벗어 그의 이웃에게 주더니 이것이 이스라엘 중에 증명하는 전례가 된지라 이에 그 기업 무를 자가 보아스에게 이르되 네가 너를 위하여 사라 하고 그의 신을 벗는지라 롯기 4:7-8

구약성경을 보면 신발은 지위와 권리를 상징합니다. 따라서 신발을 벗는다는 것은 권리와 지위를 포기하는 것을 의미합니다. 하나님은 모세에게 이제 자신을 완전히 포기하고 전적으로 하나님만 의지하라고 말씀하십니다. 그동안 모세는 자기 행위의 신발을 내려다보았습니다. 모세의 지난날은 혈기로 가득했습니다. 히브리인을 학대하는 애굽인을 죽인 모세는 바로를 피하여 도망쳤습니다. 자기의 행위로는 절대로 거룩하신 하나님 앞에 설 수 없다는 것을 깨달았습니다. 그래서 모세는 자기의 힘, 자기 행위의 의를 신뢰하는 것을 포기하고 하나님만 신뢰하고 하나님만 의지하기로 결정한 것입니다. 비로소 자기 행위의 신발을 벗어 버린 모세는 자기의 힘이 아닌 성령의 능력, 성령의 불길에 의하여 애굽의 신들을 무릎 꿇리고 광야의 적들을 물리치며 요단강까지 이스라엘 백성을 인도할 수 있었습니다.

여호수아 역시 자기 행위의 신발을 내려다보았습니다. 그 신발을 신고

행한 일들을 돌이켜 보았습니다. 여호수아는 그 신발을 신고 용감히 가나안을 정탐했고, 르비딤에서 아말렉과 싸워 이겼습니다. 그러나 그 승리와 의를 가지고서도 거룩하신 하나님 앞에 섰을 때 자기의 의는 더러운 옷과 같음을 깨달았습니다사 3:3. 여호수아는 황급히 자기 행위를 상징하는 더러운 신발을 벗어 던졌습니다. 자기 행위의 신발을 벗어버린 여호수아는 자신의 칼이 아니라 성령의 칼에 의하여 약속의 땅 가나안에서 죄악의 세력을 깨뜨렸고, 그 땅을 정복했으며, 승리의 왕국을 세울 수 있었습니다.

국제예수전도단을 창설한 로렌 커닝햄Loren Duane Cunningham의 『네 신을 벗어라』를 보면 이러한 간증이 있습니다. 어느 날 로렌은 아내가 운전하던 차를 타고 집으로 돌아가던 길에 차가 고속도로 아래로 굴러 떨어지는 사고를 당했습니다. 의식을 잃었다가 깨어 보니 그의 머리에서 피가 철철 흘러내리고 있었습니다. 게다가 사고를 당한 곳은 사막이라 아무것도 보이지 않았습니다. 그는 정신없이 아내를 찾았습니다. 몇 미터 떨어진 곳에서 아내를 발견했습니다. 아내는 이미 호흡이 멎어 있었고 눈은 동공이 확장된 채로 고정되어 있었습니다. 순간 '아, 죽었구나' 하는 생각이 들었습니다. 로렌은 아무도 없는 적막한 사막에서 아내를 안고 울었습니다. 그런데 그때 아무도 없는 사막 한 가운데서 그의 이름을 크게 부르는 한 음성을 들었습니다.

"로렌!"

그는 이전에 한 번도 그의 귀로 직접 하나님의 음성을 들어본 적이 없었지만, 그것이 하나님의 음성이라는 것을 곧 깨달았습니다. 로렌은 대답했습니다.

"네, 주님!"

하나님께서는 로렌에게 물으셨습니다.

"로렌, 이래도 여전히 나를 섬기겠니?"

그는 눈물이 가득 고인 눈을 들어 사막의 하늘을 바라보며 대답했습니다.

"예, 주님. 그래도 주님만 섬기겠습니다. 이제 제 인생에 남은 것이라곤 이 목숨밖에 없습니다. 이것도 주님께서 원하신다면 취하실 수 있습니다."

잠시 후 주님은 말씀하셨습니다.

"아내 달린을 위해 기도해라."

로렌은 하나님의 음성을 듣고 있는 힘을 다해 기도하기 시작했습니다. 그러자 숨소리가 한 번 났습니다. 놀랍게도 의식이 없었던 그의 아내가 숨을 쉬려고 애쓰고 있었습니다. 그리고 또 다른 일이 일어났습니다. 화물차를 몰고 가던 사람이 그들을 발견하고 즉시 인근 병원에 도움을 요청한 것입니다. 병원으로 가는 구급차 안에서 하나님은 그의 마음속에 다시 말씀하셨습니다.

"달린은 괜찮아질 것이다."

로렌은 그날 바로 병원에서 퇴원했고, 아내는 며칠 뒤에 퇴원을 했습니다. 이 사건을 통해 깨달은 바를 로렌은 이렇게 고백했습니다.

"이 사건을 통해 절실히 깨닫게 된 것은 우리가 우리의 권리를 내려놓을 때, 하나님께서 비로소 당신의 능력을 나타내신다는 사실이었습니다. 저는 항상 내 차, 내 아내, 내 사역을 주장했었습니다. 사고 이후, 저는 이 모든 것이 순식간에 없어질 수 있다는 것을 깨닫게 되었습니다. 우리가 소유하고 있는 모든 것은 하나님께서 우리에게 잠시 맡겨 주신 것입니다. 우리의 권리들을 주님 자신과 주의 복음을 위해 맡겨 드릴 때, 우리는 온 세상을 유업으로 받는 비밀을 발견하게 될 것입니다."

이후 로렌은 자신의 모든 것을 내려놓았습니다. 그는 국제예수전도단과 열방대학의 설립자 겸 총장으로 매년 30에서 40여 개 국가를 다니며 사람들을 제자화하는 사명을 감당하고 있습니다. 세계 60개국의 언어로 번역된 다수의 책을 발간하기도 했습니다. 로렌이 자신의 권리와 지위를 포기하자 하나님께서 그를 사용하신 것입니다.

모세 시대에는 노예들에게 신발을 주지 않았습니다. 하나님께서 모세에게 신발을 벗으라고 명령하신 이유는 그가 하나님께 절대 순종해야 할 하나님의 종임을 알려 주시고자 하신 것입니다. 종은 주인의 뜻을 거스르고 자기의 뜻과 생각대로 할 수 없습니다. 그러므로 언제나 하나님 앞에서 "나는 아무것도 아닙니다. 나는 종입니다. 주인이 시키는 대로 순종하겠습니다"라고 고백할 수 있어야 합니다.

신앙생활은 우리의 능력으로 하는 것이 아니라 철저하게 하나님과 함께 하는 것입니다. 주님을 모신 그릇으로 살아가는 것입니다. 주님이 자유롭게 사시는 그릇이 되어야 합니다. 그릇은 자신을 나타내지 않습니다. 그 안에 무엇을 담았는지를 나타냅니다. 그릇은 자기의 삶을 사는 것이 아니라 그 안에 담긴 보배를 위한 삶을 삽니다. 우리 육체 안에 우리 자신이 사는 것이 아니라 주 예수님이 살도록 해야 합니다. 우리의 삶이 아니라 주님의 삶을 살아야 합니다.

내가 그리스도와 함께 십자가에 못 박혔나니 그런즉 이제는 내가 사는 것이 아니요 오직 내 안에 그리스도께서 사시는 것이라 이제 내가 육체 가운데 사는 것은 나를 사랑하사 나를 위하여 자기 자신을 버리신 하나님의 아들을 믿는 믿음 안에서 사는 것이라 갈라디아서 2:20

모세라는 그릇 안에 사시는 분은 주님이었습니다. 여호수아라는 그릇 안에 사시는 분도 주님이었습니다. 바울이라는 그릇 안에 사시는 분도 주님이었습니다.

## 사명으로 뛰는 심장

이제 가라 이스라엘 자손의 부르짖음이 내게 달하고 애굽 사람이 그들을 괴롭히는 학대도 내가 보았으니 이제 내가 너를 바로에게 보내어 너에게 내 백성 이스라엘 자손을 애굽에서 인도하여 내게 하리라 출애굽기 3:9-10

하나님께서는 맨발로 서있는 모세에게 이스라엘 백성을 애굽에서 인도하라는 사명을 주셨습니다. 하나님께서는 애굽에 있는 이스라엘 백성의 고통을 보셨고 그들이 노예 생활을 하며 부르짖는 기도를 들으셨기 때문입니다. 하나님께서 예수님을 이 땅에 보내신 목적도 우리의 고통스러운 신음을 들으셨기 때문입니다. 우리는 아무도 우리의 고통과 절망을 모른다고 생각할 때가 있습니다. 그러나 하나님은 우리의 고통을 알고 계십니다. 그러므로 우리는 문제를 만났을 때 주님께 부르짖어야 합니다. 그러면 주님께서 주님의 때에 응답하십니다. 문제를 해결해 주시고 우리에게 사명을 주십니다. 하나님께서는 이스라엘 백성의 부르짖음을 들으시고, 그들의 고통을 해결해 주시기 위해 깨어지고 낮아진 모세를 택하여 사명을 주 셨습니다.

> 내가 내려가서 그들을 애굽인의 손에서 건져내고 그들을 그 땅에서 인도하
> 여 아름답고 광대한 땅, 젖과 꿀이 흐르는 땅 곧 가나안 족속, 헷 족속, 아모
> 리 족속, 브리스 족속, 히위 족속, 여부스 족속의 지방에 데려가려 하노라
> 출애굽기 3:8

하나님께서 모세에게 사명을 주셨습니다. 사명을 받은 모세는 이렇게 대답했습니다.

> 모세가 하나님께 아뢰되 내가 누구이기에 바로에게 가며 이스라엘 자손을
> 애굽에서 인도하여 내리이까 출애굽기 3:11

광야에서 40년을 보내면서 자신이 아무것도 아니라는 것을 알게 된 모세는 하나님 앞에서 "나는 아무것도 아닙니다"라고 고백했습니다. 그러자 하나님께서 이렇게 말씀하셨습니다.

> 하나님이 이르시되 내가 반드시 너와 함께 있으리라 네가 그 백성을 애굽에
> 서 인도하여 낸 후에 너희가 이 산에서 하나님을 섬기리니 이것이 내가 너를
> 보낸 증거니라 출애굽기 3:12

하나님께서는 모세의 질문에 하나님께서 함께하신다고 말씀하셨습니

다. 우리가 사명을 감당할 수 있는 것은 하나님께서 우리와 함께하시기 때문입니다.

> 두려워하지 말라 내가 너와 함께 함이라 놀라지 말라 나는 네 하나님이 됨이라 내가 너를 굳세게 하리라 참으로 너를 도와 주리라 참으로 나의 의로운 오른손으로 너를 붙들리라 이사야 41:10

이후 애굽에서 나와 40년 동안 광야의 길을 걸어갈 때 하나님께서는 늘 모세와 함께하셨습니다. 우리도 광야와 같은 이 세상을 걸어갈 때에 주님과 함께 걸어가야 합니다. 사명使命이란 '보낸다'라는 뜻입니다. 인간은 각기 사명을 감당하기 위해 이 땅에 보내진 존재입니다. 그래서 '얼마나 오래 사느냐'가 중요한 것이 아니라 '어떻게 하나님이 주신 사명을 따라 사느냐'가 중요한 것입니다.

하나님께서 아브라함을 부르신 이유는 천하 만민이 복을 얻게 하기 위함이었습니다. 사도 바울의 사명은 이방인에게 복음을 전하는 것이었습니다. 우리에게 맡겨진 사명은 무엇일까요? 그것은 모세가 애굽에서 신음하는 백성을 가나안 땅으로 인도하듯, 주님을 알지 못하고 고통 속에서 죽어가는 이들에게 복음을 증거하는 일입니다.

아프리카 남동부 지역에 위치한 말라위공화국은 인구 5만 명당 의사 1명이라는 극도로 열악한 의료 시스템을 가진 나라입니다. 그런 이곳에 '대양누가병원' Daeyang Luke Hospital이라는 국가 최대 규모의 의료시설이 들어서게 되었습니다. 그런데 이 병원을 세우는 데 가장 큰 역할을 한 사람은 '말라위의 천사'로 불리는 한국인 백영심 간호사입니다. 사실 이곳에 병원이 세워진 것은 기적이었습니다.

고려대학교 부속병원에서 내과 간호사로 일하고 있던 그녀는 항상 더 어려운 환자를 위한 의료선교에 헌신하고 싶은 마음을 가지고 있었습니다. 그러던 그녀는 28세 때, 케냐의 마사이 부족에 간호사가 필요하다는 말을 들었고 곧바로 자원했습니다. 이후 2년 동안 케냐에서 의료봉사를 하다 케냐보다 의료 환경이 더 열악하다는 말라위로 떠났고, 곧 주민 500명이 살고 있던 치무왈라에 진료소를 짓고 교회와 학교를 세우는 등 봉사를 시작했습니다. 그러던 어느 날 다섯 살짜리 어린아이가 엄마 등에 업혀 들어왔습니다. 수술에 필요한 도구도 모자랐고, 수혈해 줄 피도 없었습니다. 발을 동동 구르는 사이 아이는 숨졌고, 그녀는 무릎 꿇고 울면서 하나님께 저들을 위한 큰 병원을 지어 달라고 기도했습니다. 그때부터 그녀는 그곳에 대형병원이 건축되도록 기도했습니다. 그녀의 기도를 들으신 하나님께서 돕는 손길들을 보내 주셔서 마침내 2008년, 33억 원이 들어간 대양누가병원이 완공되었습니다. 준공식에는 말라위 대통령도 참석해 감사의 뜻을 전했습니다. 2011년, 그녀는 갑상선암을 수술하기 위해 한국에 잠시 들렀다가 다시 말라위로 떠났습니다. 목이 아파 크게 말도 못하는 상황에서도 그녀는 공항에서 조그마한 목소리로 이렇게 말했습니다.

"아직 의사가 부족합니다. 얼른 다시 돌아가 의과대학 설립 방안을 찾아야겠습니다."

한국에서의 안락한 삶을 뒤로 하고, 스스로 낮아져 가장 열악한 곳에서 의료 선교를 감당하는 백영심 간호사의 모습에서 사람들은 예수님의 모습을 봅니다. 우리는 낮아짐을 통해 하나님의 크신 은혜를 늘 체험하는 자가 되어야 합니다. 우리의 모습을 통해서 예수님의 모습을 드러내는 삶을 살아야 합니다. 이것이 바로 작은 예수의 삶입니다.

지금도 주님은 우리를 사명의 자리로 부르십니다. 이때 먼저 성령의 충만함을 받아야 하며 죄악의 신발을 벗어야 합니다.

Chapter 06

# 하나님의 임재를 사모하라

모세는 미디안 광야에서 떨기나무에 불이 붙은 것을 통해 하나님의 임재를 경험했습니다. 그리고 하나님의 임재 앞에서 신을 벗음으로써 자신의 옛 자아를 내려놓았습니다. 이 과정을 거치고 나서야 하나님은 모세에게 이스라엘을 구원하라는 사명을 주셨습니다. 이와 같이 우리는 성령의 불을 통해 하나님의 임재를 경험해야 합니다. 성령의 충만함을 받아 우리의 모든 삶이 변화될 때, 땅 끝까지 복음의 증인이 되라는 주님의 사명을 감당할 수 있습니다.

**묵상**

처음 하나님의 임재를 경험했을 때를 떠올려보고, 그때 하나님께 받은 사명에 순종하며 살고 있는지 되돌아봅시다.

**적용**

주일 예배를 비롯하여 수요 예배, 금요 철야, 새벽 예배 등 하나님과 만날 수 있는 시간들을 더욱 사모하고 찾아갑시다.

# Chapter 07

# 진리의 하나님과 동행하라

그리스도인에게 하나님의 기쁨이 될 것이냐 마느냐는 선택의 문제가 아닙니다. 만약 그리스도인으로서 하나님을 기쁘게 하기보다 자기 자신을 더 기쁘게 하는 삶을 살고 있다면 그것은 잘못된 정도가 아니라 하나님 보시기에 헛된 삶, 무익한 삶을 사는 것이나 다름없기 때문입니다. 그러나 반대로 자기 자신에게는 유익하지 못한 시간을 보냈을지언정 하나님을 기쁘시게 하기 위해서 살고 있다면 그 삶은 하나님 앞에서 영원히 기억될 것입니다. 하나님을 기쁘시게 하는 것이야말로 그리스도인의 최우선 순위가 되어야 합니다.

성경은 우리가 하나님께 기쁨이 되는 삶을 사는 방법에 대해 진리 안에서 행하는 것이라고 기록하고 있습니다. 구원받는 것으로만 만족하고 진리를 무시하는 것은 은혜받은 그리스도인의 합당한 반응이라고 할 수 없습니다. 우리 안에 '내 삶이 하나님 보시기에 합당한가? 어떻게 하나님의 기쁨을 얻을 수 있을 것인가?' 하는 고민이 있다면, 먼저 '진리 안에서 행하였는가?'를 검토해 보면 됩니다. 그러나 많은 그리스도인이 오해하고 있는 것 중에 하나가 기도를 많이 하면 하나님이 기뻐하신다고 여기는 것입니다. 여기에 한국 교회의 비극이 있다고 생각합니다. 현재 한국 교회는 기도가 부족해서 문제가 일어나는 것이 아닙니다. 삶에서 실패하고 있는 것이 문제입니다. 이렇게 삶에 실패하면 제아무리 기도와 성경 공부를 많이 하고, 훈련을 받아도 하나님께 영광이 될 수 없습니다.

미가 선지자가 활동하던 시기는 이스라엘이 남과 북으로 갈라졌던 시대로, 하나님의 심판의 칼이었던 바벨론에 의한 심판이 얼마 남지 않은 시기였습니다. 하나님의 심판은 이스라엘의 죄로 인한 결과였습니다. 당시는 한마디로 진리를 행하는 삶이 실종된 시대였습니다. 이스라엘 백성의 우상숭배는 하나님이 보낸 선지자들의 경고에도 그치지 않았고, 결국 하나님께 책망받고 심판을 받게 된 것이었습니다. 그렇다면 진리, 옳은 것, 바른 것의 기준은 무엇일까요? 누가 이에 대한 기준을 내릴 수 있는 것일까요? 성경은 바로 의의 근원이 되시는 하나님만이 정의의 기준이 되심을 말씀하고 있습니다. 하나님께서는 다른 그 어떤 것보다도 공의와 정의를 행하는 것을 가장 기뻐하시며 우리가 공의와 정의를 행하며 살아가기를 원하시는 분이십니다.

> 내가 네가 새긴 우상과 주상을 너희 가운데에서 멸절하리니 네가 네 손으로 만든 것을 다시는 섬기지 아니하리라 미가 5:13

오늘날 우리가 살아가는 시대 역시 미가 선지자의 시대와 별반 다르지 않습니다. 진리를 안다고 하면서 정작 진리를 따라 살지 못하는 시대라는 점에서 참 많이 비슷합니다. 주위를 둘러보면 우리의 마음을 빼앗는 것들이 넘쳐나는 것을 볼 수 있습니다. 참된 그리스도인이라면 우리 삶 가운데 모든 우상을 내려놓아야 합니다. 교만, 물질, 세상 명예와 권세의 우상을 내려놓고 진리 안에서 행동해야 합니다.

물론 미가 선지자 시대의 이스라엘 백성도 하나님께 제사를 드렸습니다. 그들은 1년 된 송아지율법에서 가장 귀한 제물로 규정와 천천의 숫양, 만만의 강물 같은 기름 등 값비싼 제물을 하나님께 바쳤습니다.

> 내가 무엇을 가지고 여호와(야훼) 앞에 나아가며 높으신 하나님께 경배할까 내가 번제물로 일 년 된 송아지를 가지고 그 앞에 나아갈까 여호와(야훼)께서 천천의 숫양이나 만만의 강물 같은 기름을 기뻐하실까 내 허물을 위하여 내 맏아들을, 내 영혼의 죄로 말미암아 내 몸의 열매를 드릴까 미가 6:6-7

이렇게 많은 제물을 드리면 하나님께서 자신들의 많은 죄를 용서하실 것으로 생각했기 때문입니다. 그들은 또 자신들의 귀한 자녀도 드렸습니다. 하지만 이렇게 제사를 드려도 하나님께서는 기뻐하지 않으셨습니다. 하나님이 기뻐하시는 제사는 오직 정의를 행하고, 인자를 사랑하고, 겸손하게 하나님과 행하는 것입니다.

> 사람아 주께서 선한 것이 무엇임을 네게 보이셨나니 여호와(야훼)께서 네게 구하시는 것은 오직 정의를 행하며 인자를 사랑하며 겸손하게 네 하나님과 함께 행하는 것이 아니냐 미가 6:8

하나님께서는 우리가 드리는 예배를 받으시지만, 매일매일 하나님과 동행하는 진실한 삶을 더 원하십니다.

## 정의의 하나님

당시 이스라엘의 문제는 지도자의 타락이었습니다. 지도자가 바로 서야 나라가 바로 서는 것입니다. 그들이 얼마나 악을 행했는지 성경은 이렇게 기록합니다.

> 내가 또 이르노니 야곱의 우두머리들과 이스라엘 족속의 통치자들아 들으라 정의를 아는 것이 너희의 본분이 아니냐 너희가 선을 미워하고 악을 기뻐하여 내 백성의 가죽을 벗기고 그 뼈에서 살을 뜯어 그들의 살을 먹으며 그 가죽을 벗기며 그 뼈를 꺾어 다지기를 냄비와 솥 가운데에 담을 고기처럼 하는도다 미가 3:1-3

진리를 수호하고 가르쳐야 할 지도자들이 진리를 행하기는커녕 불의를 행하고 백성을 짓밟는 행위를 일삼았습니다. 이 시대의 많은 지도자가 하나님을 섬긴다고 하면서도 온갖 불의를 저지르는 것은 그들의 종교 행위가 결국은 자기만족과 자기 욕심을 채우는 수단으로 쓰이기 때문입니다. 오늘의 시대를 사는 우리 또한 하나님을 섬긴다고 했지만 다른 마음을 품고 있지는 않은지 스스로 점검해 봐야 합니다. 만일 자기만족과 자기 욕심을 채우기 위해서 예배를 드린다면 이는 하나님을 섬기는 것이 아니라 우상을 섬기는 것에 불과합니다. 결코 우리의 삶이 변할 수가 없습니다.

하나님께서는 능력은 다소 부족해도 정의롭고 공의로운 사람을 원하십니다. 사실 사람의 능력이야 하나님 앞에서는 그다지 큰 차이가 없습니다. 능력이 부족하면 하나님께서 주시면 됩니다. 오히려 능력이 부족한 사람은 스스로 겸손하기에 하나님께서 사용하시기도 쉽습니다. 가장 위험한 사람은 어떤 사람입니까? 능력은 있는데 정의롭지 못한 사람입니다. 남들보다 훨씬 뛰어난 능력을 갖추고 있음에도 이를 정의롭게 사용하지 않고 자신의 이익을 위해 사용하는 사람입니다. 이런 사람은 결국 자기를 해할 뿐만 아니라 다른 사람도 망하게 합니다. 국가, 사회를 해롭게 하고 맙니다. 이는 역사가 여실히 증명하고 있습니다. 그래서 하나님을 기쁘시게 해 드리기 위해서는 우리가 먼저 하나님 앞에 바로 서야 합니다. 하나님께서 인정하시는 삶을 살아야 합니다. 늘 하나님의 나라와 그의 의를 구하는 마음으로 충만해야 합니다.

> 그런즉 너희는 먼저 그의 나라와 그의 의를 구하라 그리하면 이 모든 것을 너희에게 더하시리라 마태복음 6:33

나아가서 늘 하나님을 의지하고, 선을 행해야 합니다.

> 여호와(야훼)를 의뢰하고 선을 행하라 땅에 머무는 동안 그의 성실을 먹을 거리로 삼을지어다 시편 37:3

하나님은 정의와 공의의 하나님이십니다. 언제나 하나님 앞에 바르게 살고자 힘쓰는 사람들에게 복을 내리십니다. 성실과 정직으로 희생의 삶을 사는 사람들에게 성공을 선물로 주십니다. 여기에서 '정의'는 법정에서 말하는 사회를 구성하고 유지하는 정의正義를 말하며, 공의公義는 인간관계에서 불의가 없는 것을 말하며, 다른 사람을 억울하게 하거나 불법을 행하지 않는 것입니다. 더 나아가서 가난한 자나 약한 자에 대한 보호에 힘쓰는 것입니다. 성경에서 말하는 '정의와 공의'는 소극적으로는 하나님의 법에 어긋나지 않는 것이며, 적극적으로는 가난한 자를 돕고 배려하는 것을 말합니다. 즉 약자의 권리를 침해하지 못하도록 하는 것이요, 고아와 과부와 나그네로 대표되는 약자들이 자기의 권리를 지키고 살 수 있도록 해주는 것입니다. 이런 정의가 있어야 나라가 삽니다. 국가와 강도 집단은 둘 다 조직과 폭력의 힘을 가지고 있습니다. 이 둘을 나누는 기준은 바로 정의입니다. 성 아우구스티누스St. Augustinus는 "정의가 없는 정부는 강도 집단이다"라고 했습니다. 정의를 무시하고 자기 자신의 배만 불리려고 한다면 그들은 강도 집단입니다. 미가 선지자가 보기에 정의와 공의가 무너진 북이스라엘 왕국은 온전하고 거룩한 제사장 나라가 아니라 불의와 착취를 일삼는 강도 집단에 불과했습니다. 이런 나라는 곧 무너진다는 것이 미가 선지자가 하나님께로부터 받은 심판의 메시지였습니다.

9·11 테러 사건 때 세계무역센터에서 보여 주었던 뉴욕시 소방관들의 열정은 본받을 만합니다. 당시 테러 희생자의 10퍼센트에 달하는 343명이 화재를 진압하려다가 순직한 소방관이었습니다. 그렇게 많은 수의 소방관이 사망한 이유는 국가를 위해, 자신들이 돌보는 시민을 위해 앞장서서 몸을 던지는 희생을 했기 때문입니다. 뉴욕시의 소방대장인 존 샐커John Salka가 쓴 『소방관 리더십』이란 책이 있습니다. 원서 제목은 'First In, Last Out'가장 먼저 들어가고, 가장 최후에 나와라입니다. 책 제목이기도 한 이 문장이 소방대장

리더십의 첫 번째 행동 원칙이라고 합니다. 뉴욕 소방서의 소방대장들은 화재 현장에서 이러한 행동 원칙을 실천하기에 부하들에게 최고의 존경과 신뢰를 받으며 위엄을 지킨다고 합니다.

이러한 모습이야말로 그리스도인이 실천하며 살아야 할 모습입니다. 약자를 돕는 공의로운 삶으로 하나님을 기쁘시게 하고, 사람에게 존경받으며, 칭찬받을 수 있어야 합니다. 정의를 행하고 약자들에게 자비를 베푸는 것은 거창한 일을 하는 것이 아닙니다. 허물과 죄가 있는 이들과 억울한 일로 소외당하는 사회적 약자들에게 작은 관심을 갖는 것, 그들을 불쌍히 여기며 특히 그들에 대해 정죄하는 태도를 버리는 것입니다. 지금도 하나님께서는 정의와 공의를 행하는 사람들을 찾고 계십니다. 우리가 그 한 사람이 되어야 하지 않겠습니까?

## 사랑의 하나님

인자를 사랑한다는 말은 두 가지 의미를 담고 있습니다. 곧 '남을 용서하는 것'과 '남을 긍휼히 여기는 것'입니다. 우리는 미움으로 뒤덮인 세상을 살고 있습니다. 남을 모함하고, 헐뜯기에 여념이 없는 사람들로 가득합니다. 남을 칭찬하는 소리는 거의 들리지 않고 비난하는 소리만 들립니다.

영화 〈34번가의 기적〉에 보면, 한 산타클로스가 백화점을 홍보하는 일을 하면서 그 백화점에 없는 물건이 경쟁사 백화점에 있다고 얘기하는 장면이 나옵니다. 서로 라이벌 관계에 있었던 두 백화점은 산타클로스에 의해 서로 마음을 열고, 결국 다툼 없이 서로 화해하고 돕는 사이가 되었습니다.

이것이 그리스도께서 이 땅에 오신 목적입니다. 서로 돕고 사랑으로 하나 되는 것이야말로 주님을 따르는 제자의 삶입니다. 그리스도인이라면 자신의 삶의 자리에서 사랑을 실천함으로 예수 그리스도를 드러내야 합니다. 진정한 의인은 그리스도의 사랑을 가지고 늘 베푸는 사람입니다.

어떤 자는 종일토록 탐하기만 하나 의인은 아끼지 아니하고 베푸느니라
잠언 21:26

긍휼히 여기는 자는 복이 있나니 그들이 긍휼히 여김을 받을 것임이요
마태복음 5:7

예수님께서는 원수까지도 사랑하고 용서하라고 하셨습니다.

오직 너희는 원수를 사랑하고 선대하며 아무것도 바라지 말고 꾸어 주라 그리하면 너희 상이 클 것이요 또 지극히 높으신 이의 아들이 되리니 그는 은혜를 모르는 자와 악한 자에게도 인자하시니라 너희 아버지의 자비로우심 같이 너희도 자비로운 자가 되라 누가복음 6:35-36

우리 스스로는 우리에게 상처 입힌 자들을 용서할 수가 없습니다. "용서한다"고 말하는 순간에도 가슴에는 분노와 미움이 가득해집니다. 또 자신이 약해질 때면 그 모든 상처가 마치 비 온 후 순들이 돋아나듯이 다시 마음속을 점령해 버립니다. 그래서 우리는 예수님의 도우심을 간절히 구해야 합니다. 참된 그리스도인은 용서할 수 있어야 합니다. 용서는 사랑의 절

정이요, 완성이기 때문입니다.

  병원에 심방을 갈 때면 수많은 환자와 마주칩니다. 우리 주위에는 환자들이 얼마나 많은지 계속해서 들어오는 환자들로 병실이 모자랄 정도입니다. 그중에서는 누군가를 마음으로 용서하지 못해 병이 생긴 사람도 있습니다. 용서하지 못하면 자기 자신까지도 해치게 되는 것입니다. 서로 용서하고 사랑하며 살아가는 것이 주님의 뜻입니다.

> 사랑 안에 두려움이 없고 온전한 사랑이 두려움을 내쫓나니 두려움에는 형벌이 있음이라 두려워하는 자는 사랑 안에서 온전히 이루지 못하였느니라 우리가 사랑함은 그가 먼저 우리를 사랑하셨음이라 요한1서 4:18-19

  어느 시골교회에서 일어난 놀라운 간증이 있습니다. 그 교회는 성도 간에 다툼이 끊이지 않는 교회였습니다. 교회를 담임하고 있던 목사는 주일에 아픈 마음으로 예배를 드리러 사택에서 교회로 가고 있었습니다. 마침 막내아들이 교회학교를 마치고 교회에서 나오고 있었습니다. 그는 초라한 검은색 광목옷을 입고 구멍이 난 양말을 신은 아들의 머리를 쓰다듬으며 말했습니다.

  "아들아, 종을 칠 시간이 되었는데 아빠가 종을 치면 예배 시간에 늦을 것 같으니 네가 좀 쳐 주렴."

  "알았어요, 아빠."

  교회에는 성도는 많았지만 시간에 맞추어 종을 칠 사람은 없었습니다. 아버지의 부탁을 받은 아들은 기쁜 마음으로 종을 치고 집으로 뛰어갔습니다. 그러다가 그만 과속으로 달려오던 미군 부대의 차에 치어 그 자리에서 숨지고 말았습니다. 목사는 그것도 모르고 계속 예배를 드렸습니다. 한창 설교 중인데 성도 몇 사람이 빨리 마치라는 신호를 보냈습니다. 무슨 이유인지 모르지만 순간 불안이 엄습했습니다. 예배를 마치고 내려가니 아들이 차에 치어 숨졌다는 내용이 전해졌습니다. 잠시 후에는 미군 부대의 장군이 부관들을 데리고 와서 용서를 빌었습니다.

"목사님, 우리 운전병이 실수하여 이런 일이 일어났습니다. 용서해 주십시오. 우리가 온 힘을 다해 보상하고 위로해 드리고 싶습니다. 우리가 어떻게 하면 좋을지 말씀만 해주십시오."

성도들은 용서해서는 안 된다며, 보상금을 많이 받아야 한다고 했습니다. 그러나 담임 목사는 눈물을 머금고 이렇게 말했습니다.

"장군님, 내 아들이 죽은 것은 장군님 부대 운전병의 실수 때문이 아닙니다. 사람의 생명은 하나님께 달렸으니 하나님께서 허락하신 일입니다. 하나님께서 내 아들을 데려가신 것이니 너무 염려하지 마세요. 그리고 내 아들을 친 운전병을 나무라지 마세요. 실수로 그런 것이니 벌하지 마세요."

미군 부대의 장군은 감격했습니다.

'세상에! 이렇게 귀한 분이 계시다니, 이렇게 향기로운 하나님의 사람이 계시다니……'

거기에 있던 모든 사람도 감동을 받았습니다. 장군은 부대에 돌아가 참모들을 모아 놓고 목사의 말을 전하며 부대에서 어떻게 해야 할지를 의논했습니다. 참모들은 낡은 교회를 새로 지어드리는 것이 어떻겠냐고 했습니다. 그래서 그 미군 부대는 교회를 허물고 그곳에 아름다운 교회를 건축했습니다. 성전 봉헌식에는 이 소문을 들은 총회와 노회의 임원들을 비롯한 많은 사람이 참석하여 인산인해를 이루어 다 함께 뜨거운 봉헌 예배를 드렸습니다. 예배 마지막 순서로 담임 목사에게 교회 열쇠를 전달하는 시간이 있었습니다. 그런데 열쇠를 갖고 강단으로 올라가던 장로는 중간에 멈추어 서서 덜덜 떨며 울었습니다. 목사는 말했습니다.

"장로님, 어서 올라오세요."

그래도 그는 움직이지 않고 여전히 울기만 했습니다.

"장로님, 그러지 말고 어서 올라오세요."

"목사님, 저는 여기에 서 있을 자격도 없고, 목사님께 열쇠를 드릴 자격도 없는 사람입니다. 저는 장로이지만 교회 부흥이나, 성전 건축을 위해 일하기는커녕 싸움만 했습니다. 우리를 대신하여 목사님의 아들이 희생 제물이 되어 교회가 세워졌는데 이런 제가 어떻게 열쇠를 목사님께 드리겠습니까?"

담임 목사도 울고, 모든 성도가 울고, 손님들까지 다 울었습니다. 담임 목사는 강단에서 내려가 울고 있는 장로의 어깨를 꼭 껴안았습니다. 그 후 교회는 귀하고 아름다운 열매를 맺는 교회로 부흥했습니다.

우리가 사람들에게 감동을 주지 못하는 이유는 주님의 사랑을 실천하는 삶을 살지 못하기 때문입니다. 우리가 주인이 되어 권리만 주장하고 살기 때문에 사랑과 감동을 주지 못하는 것입니다.

## 겸손히 하나님과 동행하기

여호와(야훼)께서 네게 구하시는 것은 오직 정의를 행하며 인자를 사랑하며 겸손하게 네 하나님과 함께 행하는 것이 아니냐 미가 6:8

'겸손하라'는 것은 조용하게 지내라는 말이 아닙니다. 흔히 사람들이 발로 밟고 지나가는 발판처럼 사는 것을 겸손이라고 오해합니다. 겸손은 그렇게 짓밟히면서 사는 것이 아니라, 우리의 원래 모습대로 사는 것입니다. 즉 하나님이 창조하신 피조물의 위치에서 사는 것을 말합니다.

우리를 지으신 하나님 앞에 겸손해지는 것은 어쩌면 당연한 일일 것입니다. 부모 앞에서 자녀의 겸손은 당연한 것이기 때문입니다. 그러나 자녀는 부모의 발판이 되는 것이 아닙니다. 자녀로 살아간다는 것은 부모님께 응석도 부리는 것이고, 잘못을 저질렀어도 용서가 되는 삶입니다. 자녀다움을 유지하며 살아가는 것, 그것이 바로 겸손입니다. 그렇게 아버지이신 하나님과 즐겁게 사는 것입니다. 여기에 우리의 행복이 있고, 정의와 평화가 있습니다.

그런 삶을 먼저 산 사람이 에녹입니다. 에녹은 그렇게 겸손한 자녀로 하나님과 동행하다가 죽음을 보지 않고 천국에 갔습니다.

> 에녹이 하나님과 동행하더니 하나님이 그를 데려가시므로 세상에 있지 아니하였더라 창세기 5:24

주님과 동행하면 그것이 기쁨이요, 은혜요, 천국입니다. 따라서 늘 주님과 깊은 교제를 하는 것이 중요합니다. 기도, 찬양, 말씀으로 성령 안에서 주님과 교제해야 합니다. 기도할 때마다 성령의 감동으로 은총이 다가오고, 하나님의 축복이 임하게 됩니다. 찬양할 때마다 마음에 감동이 넘쳐 기쁨과 감사가 충만하게 됩니다. 말씀을 읽고 묵상하고 들을 때마다 주님의 음성을 듣고, 놀라운 기적을 체험하게 됩니다.

성령님과의 교제 가운데 우리를 향한 주님의 뜻이 무엇인지 항상 분별하는 것은 중요합니다. 주님과의 교제가 깊어지면 깊어질수록 더욱 겸손히 하나님께 엎드려 그분의 음성에 귀 기울이고 순종하는 자가 되기 때문입니다.

하나님은 사실 우리가 유명한 사람이 되는 것이나, 세상적으로 성공하는 사람이 되는 것에 크게 개의치 않으십니다. 우리 방식대로 하나님을 생각하기 때문에 그러실 것이라고 착각하고 있을 뿐입니다. 오히려 하나님은 하루하루의 작은 일에도 하나님께 묻고, 삶의 작은 일에도 예수님을 닮기 원하는 그 마음에 더 관심을 두고 계십니다. 그러므로 우리는 삶에서 대단한 업적을 남기고 치적을 쌓는 결과보다 그것을 이루는 과정에서 주님의 자녀답게 행하고 주님과 기쁨을 나누는 데에 힘써야 합니다. 작은 예수로서의 삶을 살아야 합니다.

우리가 참된 행복을 누리지 못하고 기쁨과 즐거움을 누리며 살지 못하는 이유는 늘 우리 생각이 앞서 있기 때문이고 겸손을 잃어버렸기 때문입니다. 그래서 많은 부분에서 무리수를 두게 됩니다. 그중에서 가장 문제가 되는 모습이 교만입니다. 하나님 없이 성공을 추구하는 것도 교만에서 비롯됩니다. 부와 명예를 추구하는 것이 아무것도 아닌 것 같지만 사실 영적으로 우리를 병들게 하는 매우 큰 문제입니다. 우리는 스스로의 힘으로 성공하기 위해서 정말 바쁩니다. 그래서 우리는 주님과 동행하는 기쁨을 접어 둡니다. 이것은 사탄을 돕는 일입니다. 하나님은 교만한 자를 물리치시고, 겸손한 자를 사랑하시며 높이십니다.

교만은 패망의 선봉이요 거만한 마음은 넘어짐의 앞잡이니라 잠언 16:18

하나님과 동행하기 위해서는 늘 겸손함으로 무장해야 합니다. 어떠한 삶의 열매를 주님께 드릴지 고민하며, 늘 하나님 앞에서 겸손하게 행할 때 하나님과 동행할 수 있기 때문입니다. 우리는 하나님께서 사랑하시는 자녀입니다. 자녀로서 주님과 동행함으로 주님을 닮아 가며 세상에 정의를 흘려보내는 것이 우리가 해야 할 사명입니다. 겸손히 주님과 동행하는 것보다 더 큰 복은 없습니다.

Chapter 07

# 진리의 하나님과 동행하라

그리스도인이 하나님의 기쁨이 되는 것은 선택이 아니라 필수입니다. 하나님께 기쁨이 되는 삶을 사는 방법은 진리 안에서 행하는 것입니다. 이를 위해 하나님의 법 안에서 가난한 자를 돕고 배려하는 삶을 살아야 합니다. 또한 우리의 이웃을 사랑하며 용서하는 삶을 살아야 합니다. 마지막으로, 겸손하게 하나님과 동행하며 하나님의 자녀답게 행하고 하나님과 기쁨을 나누는 데 힘써야 합니다. 이것이 하나님의 자녀로서 우리가 해야 할 사명입니다.

**묵상**

세상이 말하는 정의와 하나님께서 말씀하시는 정의에는 어떠한 차이점이 있는지 생각해 봅시다.

**적용**

우리 주변에 소외되고 약한 자들이 있는지 돌아보고, 그들을 돕기 위한 방법들을 계획하고 실천해 봅시다.

예수님의 삶과 사역은 한마디로 '하나님의 사명을 기쁨과 즐거움으로 걸어가신 삶'이었습니다. 물론 그 길이 고난의 길이고 아픔의 길이었지만, 예수님은 억지로 하거나 불평하며 하는 수 없이 순종하지 않으셨습니다. 자기 백성을 구원하기 위한 기쁨과 즐거움으로 하나님이 주신 사명의 길을 걸어가셨습니다.

# Part 3
## 고난 중에도 기뻐하라

**Chapter 08** 예수님의 순종과 하나님의 기쁨
**Chapter 09** 부르심을 따라 사는 삶
**Chapter 10** 절망 중에 찾아오시는 예수님

# Chapter 08

# 예수님의 순종과 하나님의 기쁨

기독교는 예수 그리스도라는 분명한 믿음의 대상이 있습니다. 그런 의미에서 예수 그리스도를 따르는 사람을 가리켜 그리스도인이라고 말하며, 우리의 믿음은 예수님이 어떤 분인지를 아는 데서 출발합니다. 예수님의 삶과 사역을 들여다보면, 예수님이야말로 굳건한 믿음의 모델이시라는 것을 알게 됩니다. 더불어 이 세상에서 그리스도를 따르는 삶이 얼마나 기쁘고 감사한 일인지 알게 됩니다.

예수님의 삶과 사역은 한마디로 '하나님의 사명을 기쁨과 즐거움으로 걸어가신 삶'이었습니다. 물론 그 길이 고난의 길이고 아픔의 길이었지만, 예수님은 억지로 하거나 불평하며 하는 수 없이 순종하지 않으셨습니다. 자기 백성을 구원하기 위한 기쁨과 즐거움으로 하나님이 주신 사명의 길을 걸어가셨습니다. 하나님을 기뻐하는 삶을 사는 것을 유일한 즐거움으로 여기셨습니다. 따라서 진정한 그리스도인이 되고자 한다면, 평생 하나님만으로 즐거워하고, 하나님이 주신 사명이라면 어떤 것이든지 기쁘게 따를 각오가 되어 있어야 합니다.

그리스도인의 기쁨과 세상의 기쁨은 본질적으로 다릅니다. 세상의 기쁨은 조건에 따라 결정됩니다. 인간적인 눈으로 보기에 아름답고 선한 결과가 보장된 것이어야 합니다. 과정과 결과가 모두 좋아야 기뻐할 수 있고, 혹 과정이 좋지 않다면 결과라도 좋아야 합니다. 그러나 그리스도인의 기쁨의 조건은 완전히 다릅니다. 과정이 좋지 않아 보이고 결과가 좋지 않아 보여도 기뻐할 수 있습니다. 왜냐하면 그리스도인은 하나님만으로 기뻐할 수 있는 존재이기 때문입니다. 그리스도인의 참된 기쁨은 하나님의 백성으로 살아간다는 것에서 나옵니다. 우리가 하나님의 백성이 되면 나머지는 아버지 되신 하나님께서 책임지신다는 믿음을 가지고 살기 때문에 어떤 상황에서도 기뻐할 수 있게 됩니다.

세상의 눈으로 바라봤을 때 예수님께서 걸어가신 길은 완벽한 실패로 끝난 것처럼 보입니다. 그러나 십자가 죽음에 이르기까지 하나님의 뜻에 즐거이 순종하려는 예수님의 마음을 읽을 때, 우리는 참된 기쁨이 무엇인지 깨닫게 됩니다. 하나님의 백성이 된다는 것은 이제 더는 자신의 유익과 즐거움을 위해 살지 않는다는 믿음의 고백을 삶으로 보여 주는 것을 뜻합니다. 예수님은 하나님의 백성으로서 하나님의 기쁨이 되는 것이 무엇인지를 삶으로 보여 주신 분입니다.

그렇다면 예수님은 어떤 모습으로 이 땅에 오셨을까요? 또한 어떻게 하나님의 사명을 이루셨을까요?

# 사랑을 위해 고난을 택하신 예수님

> 그는 주 앞에서 자라나기를 연한 순 같고 마른 땅에서 나온 뿌리 같아서 고운 모양도 없고 풍채도 없은즉 우리가 보기에 흠모할 만한 아름다운 것이 없도다 이사야 53:2

우리는 전쟁과 같은 대사를 치러야 한다면, 그 일을 위해 도움이 될 만한 것을 준비하고 전투태세를 갖추는 것이 당연하다고 생각합니다. 많이 준비하면 할수록 보다 효과적으로 대응할 수 있기 때문입니다. 그러나 예수님은 금방이라도 바람이 불면 꺾이고 발에 짓밟히면 으깨지는 여리고 연약한 순 같은 모습으로, 그리고 마른 땅에서 나온 줄기와 같이 아무런 볼품이 없는 모습으로 오셨습니다. 일반 사람들이 기대했던 것같이 화려한 왕궁에서 모든 사람의 주목을 받고 태어나신 것이 아닙니다. 예수님은 빈민촌 나사렛의 처녀 마리아의 몸에 성령으로 잉태되어, 베들레헴의 초라한 마구간 한구석에서 태어나셨습니다. 하나님의 아들이신 예수님께서 우리와 똑같은 육신을 입고 이 세상에 오셨습니다.

예수님이 인간으로 오신 것은 철저한 자기 부인에서 오는 복종빌 2:8을 통해 가능한 것이었습니다. 어느 누가 다른 사람의 죄 때문에 초라한 모습으로 십자가에 못 박히고 싶겠습니까? 그러나 예수님은 하나님의 기쁨이 되고자 스스로 인간의 몸을 입기까지 낮아지심으로 하나님의 뜻에 순종하셨습니다. 인간으로 오셔서 고난받기를 각오하셨습니다. 그래서 극한 고난 중에서도 오직 여호와야훼 하나님만을 기쁨으로 섬기실 수 있었습니다. 어떠한 고난도 우리의 기쁨을 빼앗을 수 없는 이유가 여기에 있습니다.

'여호와야훼를 기뻐하라'는 주제는 신·구약 성경을 통해 반복되는 매우 중요한 주제로서 단순히 감정의 중요성을 강조하기 위해서 쓰인 말이 아닙니다. 마가복음 1장 11절에서 예수님은 하나님으로부터 '기뻐하는 자'라는 음성을 들었습니다. 세례침례 요한에게 세례침례를 받으실 때, 갑자기 하늘이 열리면서 이 같은 음성이 들린 것입니다. "너는 내 사랑하는 아들이라 내가 너를 기뻐하노라" 즉 하나님께서 직접 예수님이 어떤 분인지 세상에 드러내신 것으로 이해할 수 있습니다. 또한 '내 아들'이라는 말로 예수님이 하나님의 아들, 곧 메시아시 2:7임을 밝히셨고 '내 기뻐하는 자'라고 하신 것은 아들이 장차 고난 받는 하나님의 종사 52:13이 되어 십자가의 고난을 감당하게 될 운명을 가진 '고난 받는 여호와야훼의 종'이 되리라는 의미로 쓰인 표현입니다.

당시에는 메시아가 고난의 사역을 감당할 것이라고는 아무도 예상치 못했습니다. 3년을 쫓아다닌 제자들이 예수님을 배반하고 떠났던 이유도 바로 여기에 있었습니다. 그만큼 예수님께서 걸어가신 길은 하나님의 뜻에 철저한 순종과 복종이 없이는 불가능한 길이었습니다. 그러나 예수님은 누구도 예상치 못했던 그 새로운 길을 순도 100퍼센트의 순종으로 하나님을 기쁘시게 했습니다.

그래서 '여호와야훼를 기뻐하라'는 의미는 하나님의 뜻에 전적으로 순종하는 삶을 살라는 의미입니다. 하나님의 절대주권을 인정하는 삶이야말로 구원을 베푸신 하나님을 기쁘시게 하는 길입니다. 구원받은 백성으로서 하나님의 뜻이 무엇인지 관심이 없거나, 하나님의 뜻을 행하는 것에 관심이 없다는 것은 한마디로 구원을 헛되이 여기는 태도에 불과합니다. 구원받은 자라면 구원에 합당한 삶, 곧 믿음의 삶으로 응답하는 것이 마땅합니다. 왜냐하면 그것이 하나님께서 우리에게 구원을 베푸신 이유이기 때문입니다.

그렇다면 죄가 없으신 예수님께서 사람의 몸으로 오신 이유는 무엇일까요? 그것은 인간의 모든 연약함을 직접 체험하시기 위해서였습니다. 예수님께서 직접 고난을 당하시고 시험을 당하셨기 때문에, 인간의 아픔과 시험을 모두 아시고, 함께 느끼시며, 그 시험에서 우리를 도우실 수 있는 것입니다.

> 우리에게 있는 대제사장은 우리의 연약함을 동정하지 못하실 이가 아니요 모든 일에 우리와 똑같이 시험을 받으신 이로되 죄는 없으시니라 히브리서 4:15

예수님은 세상에 오셔서 우리가 당하는 모든 고통과 시험을 직접 체험하셨습니다. 배고픔을 견디셨고 때로는 울기도 하셨습니다. 십자가에 달리시기까지 온갖 멸시와 수치, 조롱까지 다 당하셨습니다. 우리가 당하는 고난과 아픔의 의미, 슬픔의 정도, 죽음의 공포를 친히 느끼셨습니다. 우리의 모든 것을 공감하셨습니다.

예수님께서 세상에 내려와 사역하셨을 때, 예수님의 곁에는 이 세상에서 소외되고 문제 속에 살아가는 수많은 사람이 몰려들었습니다. 예수님이 보시기에 그들의 모습은 마치 목자를 잃어버린 양들이 사나운 짐승에게 쫓겨 다니느라 고생하고, 먹지 못하여 유리하며 방황하고 있는 모습처럼 보였습니다. 그래서 그들을 보실 때마다 불쌍히 여기셨습니다.

> 무리를 보시고 불쌍히 여기시니 이는 그들이 목자 없는 양과 같이 고생하며

### 기진함이라 마태복음 9:36

'불쌍히 여긴다'는 말은 공감한다는 말입니다. 예수님께서는 백성의 아픔과 슬픔을 함께 느끼고 계셨습니다. 예수님께서 십자가를 피할 수 없었던 결정적 배경은 세상에서 방황하며 고생하는 백성을 불쌍히 여기셨기 때문이었습니다. 십자가를 통해 그들의 고통을 함께 느끼시기를 원하셨던 것입니다. 이것이 바로 복음입니다. 예수님께서는 지금 이 시간도 우리의 아픔을 함께 느끼고 계십니다. 우리와 함께 울고 계십니다. 우리와 함께 잠 못 이루며 뒤척이십니다. 크고 위대하신 하나님의 아들 예수님께서 연약하고 허물과 죄로 더럽혀진 우리와 똑같이 느끼고 계십니다. 우리의 죄가 너무 커서 어찌할까 숨어서 고민하며 두려워 떨고 있을 때, 예수님께서는 십자가 위에서 우리 죄의 무게를 친히 느끼시며 신음하셨습니다.

1907년 평양대부흥이 일어났을 당시 교회를 대표하는 지도자였던 길선주 목사에 관한 유명한 일화가 있습니다. 길선주 목사는 하나님의 말씀을 듣고 모든 사람 앞에 일어나서 자신은 아간 같은 사람이며 친구가 죽어가며 맡긴 유산의 일부를 훔친 사람이라고 고백했습니다. 자신의 죄악을 하나님 앞에 숨기지 않고 회개했습니다. 예배 시간에 길선주 목사의 회개를 듣던 사람들은 양심에 이끌려 너도 나도 자신의 죄를 회개하기 시작했고, 자신들의 잘못된 행실을 바로잡았습니다. 바로 그때에 우리 민족에게 큰 부흥이 일어났습니다.

예수님은 누구나 실수할 수 있고, 누구나 잘못을 저지를 수 있다는 것을 아십니다. 예수님은 우리의 고독과 절망을 다 아십니다. 예수님같이 외로운 삶을 보낸 인생이 있을까요? 예수님은 하나님의 아들로 육신을 입고 태어나셨으나 어머니 마리아 외에는 그 누구도 예수님이 누구인지 바로 알지 못했습니다. 30세가 되기까지 늘 외롭게 묵묵히 십자가의 길을 준비하셨습니다. 예수님께서 비로소 공생애를 시작하셨을 때는 예수님의 형제들과 친척들까지 몰려와서 예수님을 미친 사람 취급했고, 예수님을 이해하지도 못했습니다. 그뿐 아니라 예수님의 사역을 방해하기도 했습니다. 예수님은 가족들에게조차 인정받지 못하는 외로움을 견디며 하나님께서 허락하신 사명을 감당하셨습니다.

> 예수의 친족들이 듣고 그를 붙들러 나오니 이는 그가 미쳤다 함일러라
> 마가복음 3:21

그러나 이러한 예수님의 외로움은 인류 구원을 위해 철저하게 계획된 하나님의 시나리오였습니다. 예수님은 죽기까지 순종하심으로 하나님의 시나리오를 기쁨으로 완성하셨습니다. 이렇게 예수님은 자신의 뜻보다는 자신을 보내신 하나님의 뜻에 더 귀한 가치를 두셨습니다. 그리고 그 가치가 자신의 삶에 꽃필 수 있도록 힘쓰셨습니다. 이렇게 함으로써 예수님은 하나님의 참된 기쁨이 되실 수 있었습니다.

## 하나님을 기쁘게 한 순종

> 그는 멸시를 받아 사람들에게 버림받았으며 간고를 많이 겪었으며 질고를 아는 자라 마치 사람들이 그에게서 얼굴을 가리는 것같이 멸시를 당하였고 우리도 그를 귀히 여기지 아니하였도다 이사야 53:3

예수님의 일생은 고난의 일생이었습니다. 태어나실 때에는 헤롯왕이 죽이려 하는 바람에 애굽에 2년간 피신해 있어야 했습니다. 그 후에 나사렛으로 오셔서 아버지 요셉을 도와 목수 일을 배우셨습니다. 요셉은 예수님이 열두 살 이후 등장하지 않는 것으로 보아 일찍 죽은 듯합니다. 예수님은 그렇게 맏아들로 어려운 가정을 돌봐야 할 책임을 지셔야 했습니다. 공생애 사역을 시작하신 이래로는 당시 종교 지도자들이었던 제사장, 서기관, 바리새인들로부터 끊임없는 도전과 핍박을 받으셔야 했습니다. 그리고 결국은 그들에 의해 온갖 모욕과 비난을 다 받으시며 십자가 고난을 당하게 되셨습니다.

그 모습이 얼마나 비참했는지 "얼굴을 가리는 것같이 멸시를 당하였고" 사 53:3라고 기록하고 있습니다. '얼굴을 가린다'는 표현은 이스라엘 백성이 나병 환자들을 가리킬 때 쓰는 말입니다. 당시의 나병 환자들은 크나큰 죄인으로 여겨졌기 때문에 언제나 사람들 앞에서 얼굴을 가려야 했고, 돌을 던졌을 때에 맞지 않을 만큼 먼 거리에 떨어져 있어야 했습니다. 예수님은 우리를 위해 친히 나병 환자 취급까지 감당하신 분입니다. 거룩하신 하나님의 아들이 말입니다.

중국의 영자 신문 〈차이나 데일리〉에 귀주 성에 사는 잉리라는 여성이 몸을 던져 말벌 떼로부터 두 살짜리 아들을 구한 기사가 실린 적이 있습니다. 아들과 집 근처 들판을 산책하던 잉리는 실수로 말벌 집을 건드려서 수백 마리의 말벌에게 공격을 받아 의식이 희미해진 상태에 놓이게 되었습니다. 다행히 이웃이 발견하여 그녀의 몸에 소화기를 쏴 몸 전체를 덮은 말벌 떼를 쫓을 수 있었습니다. 그런데 놀랍게도 축 처진 그녀의 몸 아래에서 아기 울음소리가 터져 나왔습니다. 그녀가 30여 분 동안 수백 마리의 말벌에게 쏘이면서도 자신의 온몸으로 아들을 보호하고 있었던 것입니다. 그 덕분에 그녀의 아들은 목숨을 건질 수 있었습니다. 잉리는 온몸을 말벌에 쏘여 숨을 헐떡거리면서도 아들의 생사를 물었고 "건강하다"는 이야기를 들은 뒤 얼마 지나지 않아 병원으로 옮겨지던 중 숨을 거두고 말았습니다.

남편 왕은 "아침에 일하러 간 사이에 사랑하는 아내를 잃었다. 아들을 끔찍이도 사랑하더니, 결국 아들 대신 자신의 목숨을 버렸다"며 눈물을 흘렸습니다.

어머니의 사랑이 아들을 살리기 위해 자신을 희생하게 한 것입니다. 바로 이것이 예수 그리스도의 십자가 원리입니다. 우리를 살리기 위해 십자가에서 자신을 희생하신 그 사랑의 원리입니다.

> 그는 실로 우리의 질고를 지고 우리의 슬픔을 당하였거늘 우리는 생각하기를 그는 징벌을 받아 하나님께 맞으며 고난을 당한다 하였노라 이사야 53:4

예수님이 십자가에 달리셨을 때 지나가던 사람들은 예수님을 향해 "네가 만일 하나님의 아들이어든 자기를 구원하고 십자가에서 내려오라"마 27:40며 조롱했습니다. 그런데 예수님은 왜 그때 십자가에서 내려오지 않으셨을까요? 그것은 십자가를 지는 것이 바로 예수님의 사명이었기 때문입니다. 예수님은 결과보다 과정을 더 중요하게 여기셨고, 하나님의 뜻을 따름으로 자기의 믿음을 확증하셨습니다. 그리고 하나님을 향한 온전한 믿음의 과정이 만들어 낸 것이 대속의 십자가입니다. 예수님은 우리를 구원하시기 위해서 십자가의 모든 고통을 끝까지 참고 견디신 것입니다.

> 그는 육체에 계실 때에 자기를 죽음에서 능히 구원하실 이에게 심한 통곡과 눈물로 간구와 소원을 올렸고 그의 경건하심으로 말미암아 들으심을 얻었느니라 히브리서 5:7

하나님께서는 예수님께서 십자가로 나아가는 철저한 순종을 기뻐하셨습니다. 그리고 그 결과로 예수님을 지극히 높여 모든 이름 위에 뛰어난 이름을 주시고, 세상의 모든 무릎을 예수님의 무릎 앞에 꿇게 하셨습니다빌 2:9-10. 예수님은 자신을 희생하심으로 우리의 영원한 대제사장이 되셨습니다.

이제 고난에 대한 우리의 해석이 변해야 합니다. 하나님께 위대하게 쓰임 받았던 인물들은 한결같이 고난과 역경을 통과한 사람들입니다. 고난을 통과하지 않고 하나님께 쓰임 받은 사람은 거의 없습니다. 고난은 우리를 변화하고 성숙하게 하여 하나님께 쓰임 받는 인물로 준비시킵니다.

한 예술가가 있었습니다. 그는 음악가 집안에서 막내아들로 태어나 열 살도 되기 전에 고아가 되었습니다. 그는 열여덟 살에 학교를 졸업하고 바이마르 궁정의 악단에서 바이올린 연주자로 일하며, 아른슈타트의 한 교회에 오르가니스트로 일하기도 했습니다. 그러다 결혼하여 가정을 가졌는데 결혼한 지 13년 만에 아내와 사별하고 재혼을 해야 했습니다. 재혼 후 그는 무려 스무 명의 자녀를 낳았지만 그중 열 명은 어릴 때 죽었습니다. 그는 인생 말년에 시력을 잃었으며, 뇌일혈로 인하여 고생하다가 조용히 마지막 숨을 거두었습니다. 그의 일생을 돌아보면 고난과 역경으로 뒤덮인 암울한 시간이었지만 그럼에도 그는 그 모든 역경을 이겨내며 끊임없이 불후의 명곡을 썼습니다. 그는 항상 작품의 첫 머리에는 '그리스도의 이름으로'I.N.J. : In Nominee Jesu라고 쓰고, 마무리에는 '오직 하나님께 영광'Soli Deo Gloria이라고 썼습니다.

이 사람이 바로 음악의 아버지라 불리는 요한 세바스티안 바흐Johann Sebastian Bach입니다. 많은 사람이 위대한 음악가 바흐를 알지만 그가 고난의 길을 걸었다는 것은 잘 모릅니다. 그는 모진 고난 속에서 하나님의 영광을 본 사람입니다.

모든 예술은 바흐로부터 시작된다는 말이 생길 정도로 그의 작품들은 모두 후대의 많은 음악가들에게 큰 영향을 주고 있습니다. 하지만 바흐가 살아 있을 당시 사람들은 그에게 주목하지 않았습니다. 그가 죽을 때 자식들에게 남겨 준 유산이라고는 낡은 악보와 그가 살면서 남긴 빚뿐이었다고 합니다.

바흐는 죽고 100년 정도 지난 후에야 위대한 음악가로 인정받기 시작했습니다. 자신이 고백한 대로 모든 영광을 자기가 아닌 하나님만 받으시게 했던 것입니다.

비록 바흐는 생전에는 가난한 음악가로 사람들에게 인정받지 못했지만 마지막 순간까지 자신을 향한 신앙의 절개를 저버리지 않고 끝까지 온 힘을 다하며 하나님의 영광을 위해 살았습니다. 얼마나 온 힘을 다했는지 기력이 쇠할 때까지 작곡을 쉬지 않았고, 그 결과 음악가 중 가장 많은 악보를 후대에 전해 줄 수 있었습니다. 하나님께 영광을 돌리는 삶을 사는 것이 바로 이런 것입니다.

그리스도인은 고난의 때일수록 좌절하지 말고 소망을 가져야 합니다. 어두운 밤에 어두움만 보지 말고, 어두움 가운데 빛나는 별을 볼 수 있어야 합니다. 그리고 캄캄한 어둠 속에서 다가올 찬란한 아침을 볼 수 있어야 합니다. 하나님은 이렇게 고난을 통해 우리의 믿음을 연단하십니다. 고난은 우리로 하여금 하나님께 가까이 나아가는 징검다리가 됩니다.

성 아우구스티누스는 그의 불후의 명저 『하나님의 도성』The City of God에서 이렇게 말했습니다.

> "고통이란 동일한 것이다. 누구에게나 고통이 있고 고통은 동일한 것이로되 고통을 당하는 사람은 동일하지 않다. 악한 사람은 고통 속에서 하나님을 비방하고 원망하고 모독하며, 선한 사람은 고난을 통해서 하나님을 찾고 하나님을 알고 궁극에서는 하나님을 찬양한다. 어떤 태도로 고난을 당하느냐에 따라서 결과가 달라지고 고난의 의미도 달라지는 것이다."

고난 속에서 절망하고 삶을 포기한 사람에게 그 고난은 저주이지만, 고난의 의미를 발견한 사람에게는 놀라운 축복이 됩니다. 그래서 마르틴 루터 또한 "고난은 축복을 가져다주는 지름길이다"라고 말했습니다. 우리가 예수 그리스도 안에 있다는 것을 믿는다면 고난의 의미도 달라질 수 있어야 합니다. 고난을 대하는 우리의 시각이 바뀌어야 합니다. 고난은 저주가 아닙니다. 고난은 변장한 축복입니다. 고난을 축복의 전주곡으로 여겨야 합니다.

> 고난 당한 것이 내게 유익이라 이로 말미암아 내가 주의 율례들을 배우게 되었나이다 시편 119:71

신앙생활 때문에 당하는 핍박과 고난이 있을 수 있습니다. 그러나 낙심하지 말고 견디라는 것이 성경의 가르침입니다. 주님의 일과 교회 일을 하다 보면 때로는 손해를 보기도 하고 고난이 따르기도 합니다. 이러한 고난을 필요 없는 고난이라고 생각하지 말고 하나님의 선하신 역사를 이루기 위한 값진 것으로 믿고, 고난을 통과해야 합니다. 때로는 뚜렷한 이유나 잘못 없이 고난을 당하더라도 좋으신 하나님을 생각하고 참고 견뎌야 합니다. 전지전능하신 하나님께서 이미 우리가 고난에 처해 있는 것을 아시기에 아름답고 선한 것으로 만들어 주실 것이기 때문입니다. 하나님의 자녀에게는 반드시 아름다운 결과가 따라옵니다.

17세기 청교도의 거장 토마스 왓슨Thomas Watson은 "재물을 잃으면 아무것도 잃은 것이 아니다. 생명을 잃으면 조금 잃은 것이다. 그러나 예수님을 잃어버리면 다 잃어버린 것이다"라고 말했습니다. 우리는 고난이 다가올 때에 그리스도의 고난의 십자가를 생각하며 고난에 대하여 다시 한 번 깊이 돌아보아야 합니다. 고난의 십자가가 있었기에 부활의 영광이 있었던 것처럼 끝까지 주님과 주님의 영광을 바라보며 믿음으로 견뎌야 합니다. 고난의 배후에서 역사하시는 주님께로 눈을 돌려야 합니다. 고난을 참고 견디며 나갈 때 우리 좋으신 하나님께서는 그 고난을 통하여 우리에게 값진 상급과, 아름다운 면류관으로 축복해 주십니다. 고난을 통하여 변화하고 성숙해 주님의 목적을 이루는 거룩한 하나님의 사람이 되어야 합니다.

## 유월절 어린양

그가 찔림은 우리의 허물 때문이요 그가 상함은 우리의 죄악 때문이라 그가 징계를 받으므로 우리는 평화를 누리고 그가 채찍에 맞으므로 우리는 나음

을 받았도다 이사야 53:5

주님의 머리는 가시관을 쓰셨고, 양손과 양발은 십자가에 못 박히셨으며, 옆구리는 창에 찔리셨습니다. 그리고 채찍에 맞아 온몸이 피투성이가 되셨습니다. 당시 로마 군인의 채찍은 소가죽을 말려 만든 채찍으로 끝에 날카로운 짐승의 뼈나 쇳조각이 달려있는 악명 높은 형벌 도구로 유명했습니다. 그것을 휘두를 때마다 온몸에서 피가 튀고 살점이 튀었습니다. 예수님은 벌거벗은 몸으로 빌라도 앞에서 채찍질 당하셨습니다. 그것도 모자라서 십자가를 지고 가시면서도 수없이 채찍에 맞아 예수님께서 걸어가신 골고다 언덕길은 피로 얼룩졌습니다. 그리고 예수님은 십자가에 달리셨습니다.

십자가형은 가장 고통스러운 형벌입니다. 머리와 위장의 동맥이 터지면서 매우 심한 두통이 따르며, 온몸에 일어나는 경련은 상처를 더 크게 찢어놓으니, 죽기 전에 이미 여러 차례 죽음을 맛보다가 비로소 마지막에 피와 물이 다 쏟아지고 기운이 진하여 죽게 되는 것입니다.

오전 9시부터 오후 3시까지 여섯 시간 동안이나 십자가에 달리셔서 물과 피를 다 쏟으신 예수님은 타는 듯한 갈증 때문에 "내가 목마르다" 요 19:28 하시고, "나의 하나님, 나의 하나님 어찌하여 나를 버리셨나이까" 막 15:34라고 울부짖기도 하셨습니다. 그리고 "아버지 내 영혼을 아버지 손에 부탁하나이다" 눅 23:46라고 하시면서 숨을 거두셨습니다. 죽을 필요가 없는 창조주께서 죄인처럼 돌아가셨습니다.

왜 하나님의 아들이신 예수님께서 고통스러운 십자가 형벌을 받아야만 했을까요? 그것은 죄인인 우리가 받아야 할 형벌을 대신 받아주시기 위함이었습니다.

> 모든 사람이 죄를 범하였으매 하나님의 영광에 이르지 못하더니 로마서 3:23

죄인에게는 형벌이 따라옵니다. 형벌은 고통을 수반합니다. 만약 우리의 죗값을 그대로 받는다면 하나님이 주시는 무서운 형벌을 피할 수 없고, 그 형벌에는 영원한 지옥의 고통이 따라옵니다. 그런데 그 형벌과 지옥의 고통을 예수님께서 대신 받아 주신 것입니다. 하지만 이 사실을 믿지 않는 자들에게는 하나님의 은혜가 임하지 않습니다.

미국의 7대 대통령 앤드류 잭슨Andrew Jackson이 대통령 시절에 있었던 일입니다. 조지 윌슨이라는 사람이 우편 기차에서 정부의 월급 수표를 훔치려다 우편물을 지키던 사람을 죽였습니다. 이 사건으로 조지 윌슨은 체포되어 사형 언도를 받게 되었습니다. 그러나 대통령은 그에게 특별 사면장을 내렸습니다. 하지만 조지 윌슨은 자신에게 내려진 사면장 받기를 거부했습니다. 이 문제는 대법원까지 상정되었고 마침내 수석 판사인 존 마샬John Marshall이 유명한 판결을 내렸습니다.

> "사면장은 하나의 종이쪽지이지만 그 가치는 받아들이는 사람에 의해 결정된다. 만약 사면을 거절한다면 그 사람은 용서받을 수 없다. 조지 윌슨은 사면을 거절했다. 우리는 그가 왜 그렇게 하는지 이해할 수 없지만, 그는 그렇게 했다. 그러므로 조지 윌슨은 사형을 당해야 한다."

조지 윌슨은 분명히 용서를 받았음에도 그 용서를 거부함으로 결국 사형을 당하고 말았습니다. 그런데 죄를 용서받고도 그 용서를 거부함으로 죽임을 당한 조지 윌슨보다 더 비참한 삶을 사는 사람들이 있습니다. 죄 용서의 사면장을 받아 자유와 해방을 얻었지만 여전히 죄인처럼 정죄와 참소를 받으며 살아가는 사람들, 그들은 바로 예수님의 엄청난 속죄 능력을 완전히 믿지 못하는 사람들입니다.

이사야 53장 4절에서 6절에는 '우리'라는 말이 무려 아홉 차례나 나오는 것을 볼 수 있습니다. "주님께서 당하신 고난은 우리의 죄와 허물 때문입니다"라는 고백이 우리의 고백이 되어야 합니다.

> 우리는 다 양 같아서 그릇 행하여 각기 제 길로 갔거늘 여호와(야훼)께서는 우리 모두의 죄악을 그에게 담당시키셨도다 이사야 53:6

성경은 왜 우리를 '양'이라고 표현하고 있을까요? 양은 지독한 근시를 가진 것으로 유명합니다. 그래서 자신이 먹을 풀이 어디에 있는지 잘 찾지 못합니다. 눈앞에 있는 것을 다 뜯어먹고 나면 풀이 있는 곳을 자기 스스로 찾아갈 능력이 없다고 합니다. 그뿐만 아니라 양은 자기를 방어할 능력도 없습니다. 대부분의 초식동물은 맹수의 공격으로부터 자신을 보호할 수 있는 방어수단을 한 가지씩은 가지고 있습니다. 뿔이 있다든지, 아니면 뒷발질을 잘한다든지, 그렇지 않으면 달리기라도 잘하기 마련입니다. 하지만 양은 목자의 인도와 보호가 없으면 생명을 부지할 수가 없습니다. 그런데 이러한 양이 "각기 제 길로 갔다"고 했습니다. 목자가 인도하는 바른길을 따라가지 않고, 자기 생각과 욕심을 따라 잘못된 길을 간 것입니다.

죄와 허물이란 바로 목자의 인도에 따르지 않고 각기 제 길로 가고 있는 우리들의 모습을 가리킵니다. 우리는 철없는 양처럼 제멋대로 죄짓고 욕심을 따라 방탕하게 살았습니다. 그런데 하나님은 우리의 죄악을 우리가 아닌 예수님에게 담당시키셨습니다. 바로 이것이 대속의 의미입니다. 실로 주님은 나같이 보잘것없고 하나님을 거역한 벌레와 같은 인생을 대신하여 채찍에 맞으시고 가시관을 쓰시고 손과 발에 못 박히시는 처참한 십자가의 형벌을 당하신 것입니다. 한 사람의 목숨이 천하보다 귀하다고 했는데 60억 인류의 목숨을 다 합한 것보다 더 귀하신 예수님께서 우리를 대신하여 돌아가셨습니다. 하나님의 아들이 우리를 대신해서 고통을 당하셨습니다.

> 우리가 아직 죄인 되었을 때에 그리스도께서 우리를 위하여 죽으심으로 하나님께서 우리에 대한 자기의 사랑을 확증하셨느니라 로마서 5:8

예수님께서 십자가 고난을 당하심으로 우리에게는 놀라운 축복이 임했습니다. 죄 사함의 축복이 임했습니다. 그가 징계를 받음으로 우리에게 평화가 임했고, 채찍에 맞아 피 흘림으로 우리가 모든 질병에서 치료받고 자유케 되었습니다사 53:5. 예수님 외에는 인류를 죄와 질병과 마음의 불안에서 자유롭게 할 분이 없습니다. 이것이 바로 예수님만이 우리의 유일한 희망인 이유입니다.

테너 배재철 씨는 유럽과 일본에서 극찬을 받던 음악인입니다. 아시아에서 100년에 한 번 나올까 말까 한 성악가라는 찬사도 받았습니다. 그러나 2005년 독일 자르브뤼켄 극장의 테너 솔리스트로 활동하던 중 갑상선 암에 걸려 독일 마인츠 대학병원에서 여덟 시간의 대수술을 받게 되었습니다. 그런데 성대에 붙어있던 암세포를 떼어내는 과정에서 성대 신경이 3센티미터가량 떨어져 나가고 말았습니다. 그 때문에 그는 수술 후 목에서 바람 새는 소리만 겨우 낼 수 있었습니다. 노래는커녕 의사소통도 불가능했습니다. 나중에 조금씩 말을 할 수 있게 됐지만 주변에 약간의 소음만 있어도 알아들을 수 없는 작은 목소리에 불과했습니다. 음악가의 생명인 목소리를 아예 잃어버리게 된 것입니다.

배재철 씨는 통곡과 눈물로 예수님께 매달렸습니다. 그는 어릴 때부터 신앙생활을 해왔지만 외국에서 활동하게 되면서 주일성수를 어기는 일이 잦아졌고, 결국에는 하나님께서 준 목소리를 하나님의 영광이 아닌 세상을 노래하는 데만 사용했다고 합니다. 목소리를 잃어버린 후에 배재철 씨가 제일 먼저 한 일은 하나님보다 세상을 더 우선시했던 자신의 모습을 회개하는 일이었습니다. 그리고 노래할 수 있는 목소리를 다시 주시면 가장 먼저 하나님을 찬양하겠다고 기도했습니다.

배재철 씨는 일본인 음악 프로듀서 와지마 도타로 씨의 도움으로 2006년 갑상연골수술의 창안자 잇시키 노부히코 교토대학 교수에게 성대 수술을 받게 되었습니다. 수술이 끝난 뒤 의사가 노래를 불러 보라고 했을 때에 배재철 씨는 첫 노래를 하나님께 드리겠다고 했던 기도가 생각났습니다. 그는 수술대에 누워 새 찬송가 79장을 부르기 시작했습니다.

주 하나님 지으신 모든 세계

주 하나님 지으신 모든 세계 내 마음 속에 그리어 볼 때
하늘의 별 울려 퍼지는 뇌성 주님의 권능 우주에 찼네
주님의 높고 위대하심을 내 영혼이 찬양하네

주님의 높고 위대하심을 내 영혼이 찬양하네

일본 NHK방송은 2008년 한류스타인 배재철 씨가 수술대에 누워 찬양하는 장면을 담은 다큐멘터리를 방영했습니다. 주님께서 그의 기도를 들으시고 성대복원 수술을 통해 목소리를 다시 찾게 하신 것입니다. 예수님께서 채찍에 맞으므로 배재철 씨는 나음을 얻었습니다. 절망 중에 울부짖는 그의 기도를 들으신 예수님께서 친히 치료해 주신 것입니다. 일본 언론은 그의 복귀를 기적이라고 표현했습니다.

예수님의 십자가는 하나님의 백성을 죄와 사망이 지배하는 세상에서 구원하기 위한 하나님의 구원 시나리오입니다. 예수님의 십자가는 대속의 십자가입니다. 그것을 믿는 자마다 하나님의 능력이 임합니다. 하나님의 능력이 임하면 죽음의 세력이 힘을 잃습니다. 이렇게 예수님의 십자가는 모든 그리스도인의 구원의 반석이요, 환난 날에 의지할 큰 힘이 됩니다.

하나님의 십자가 시나리오는 예수님의 순종을 통해 완성되었습니다. 예수님의 순종은 보내신 분의 마음을 철저하게 헤아리는 것에서부터 출발합니다. 우리 역시 믿음의 본이 되신 예수님의 십자가를 헛되어 여겨서는 안 됩니다.

우리가 예수님의 십자가를 진정 헛되이 하지 않는 길은 이 땅에 오셔서 매일매일 자신을 깨뜨리고 십자가를 지시며 순종을 결심하신 예수님의 마음을 품는 것입니다. 오늘날 우리는 예수님의 대속적 죽음만 강조했지, 그 길을 우리도 걸어야 한다는 점은 소홀히 여기고 있는 것 같습니다. 그러나 예수님의 대속의 은혜는 예수님의 마음을 품고 예수님을 따르기로 작정한 이들에게 주어지는 은혜의 선물임을 잊어서는 안될 것입니다.

Chapter 08
# 예수님의 순종과 하나님의 기쁨

예수님의 일생은 고난의 일생이었습니다. 인류를 구원하시고자 하는 하나님의 뜻을 따라 예수님은 십자가에서 죽기까지 순종하셨습니다. 하나님은 예수님의 온전한 순종을 기뻐하셨습니다. 그 결과 하나님께서 예수님을 지극히 높여주셨습니다. 그리스도인은 예수님을 따라가는 사람입니다. 우리를 기다리고 있는 것이 영광이 아니라 고난이라고 할지라도 주님을 따라 하나님을 기쁘시게 하는 순종의 길을 걸어가야 할 것입니다.

### 묵상
하나님의 뜻이라는 마음이 들었지만 고난이 두려워 외면했던 적은 없습니까?

### 적용
한 주간 손해를 감수하고 하나님의 뜻에 순종한 횟수가 몇 번이나 되는지 세어봅시다. 그리고 그 수가 점점 많아지고 있는지, 아니면 줄어들고 있는지 알아봅시다.

## Chapter 09

# 부르심을 따라 사는 삶

    사람은 누구나 단 한 번뿐인 인생을 행복하고 보람되고 의미 있게 살아가기 원합니다. 그러나 우리가 아무리 노력한다고 해도 세상의 방법으로는 참된 기쁨과 행복을 얻을 수는 없습니다. 오직 예수 그리스도께서 주신 거룩한 꿈과 사명을 감당해 나아갈 때에 비로소 행복하고 의미 있는 삶을 살 수 있습니다.

    예수님의 수제자였던 베드로는 극적인 삶을 살았습니다. 예수님을 가장 가까이에서 충성스럽게 보필했던 자이기도 했지만, 반면에 예수님을 세 번이나 모른다고 부인했던 사람이기도 했습니다.

    그런데 부활하신 예수님은 베드로를 다시 찾아가셔서 그에게 사명을 맡기셨습니다. 죄 사함의 은총을 입은 베드로는 마가의 다락방에서 성령을 받고, 십자가에서 죽기까지 믿음을 지키는 주님의 충성된 종이 되어 자신을 다시 부르신 예수님의 은혜에 보답하였습니다. 부르심에 합당한 열매를 맺는 것은 은혜 입은 자의 마땅한 도리입니다.

# 고통 중에도 믿음을 지켜라

예수님을 3년 동안이나 따라다닌 베드로는 예수님이야말로 하나님께서 보내신 유대인의 왕, 즉 로마의 압제에서 이스라엘을 해방시킬 정치적인 메시아라고 생각했습니다. 그러나 이러한 베드로의 믿음은 하나님을 유대인의 하나님으로 독점하려는 잘못된 신앙에서 온 것이었습니다. 그의 믿음은 모든 인류를 위한 하나님의 구원 계획과는 거리가 멀었습니다. 예수님께서 세상의 왕이 아닌 고난 받는 하나님의 종으로 십자가에서 죽게 된다는 사실은 베드로로서는 전혀 생각할 수도 없는 일이었습니다. 그래서 베드로는 예수님께서 자신이 곧 고난을 당하게 될 것이며 모든 사람이 자신을 버리고 떠나게 될 것이라는 수난 예고를 하실 때에도 그게 무슨 말씀인 줄도 모르고 자기만은 결코 예수님을 버리지 않겠다고 했습니다.

> 베드로가 대답하여 이르되 모두 주를 버릴지라도 나는 결코 버리지 않겠나이다 마태복음 26:33

그리고 더 나아가서 주님과 함께 죽을지언정 예수님을 부인하는 일은 절대 없을 것이라고 큰소리를 쳤습니다.

> 베드로가 이르되 내가 주와 함께 죽을지언정 주를 부인하지 않겠나이다 하고 모든 제자도 그와 같이 말하니라 마태복음 26:35

그러나 베드로는 예수님께서 고난 받는 종이 되기 위해 체포되시자 그

뒤를 쫓아갔다가 대제사장 가야바의 뜰에서 예수님을 세 번이나 모른다고 부인했습니다. 마지막 세 번째 질문에는 자신의 결백을 주장하기 위해 예수님을 향해 저주의 맹세도 서슴지 않으며 예수님을 모른다고 했습니다. 베드로의 이 고백은 단순히 겁을 먹고 한 것이 아니었습니다. 예수님의 메시아 사역이 실패로 끝날 것이라는 생각에서 비롯된 것이었습니다.

> 그가 저주하며 맹세하여 이르되 나는 그 사람을 알지 못하노라 하니 곧 닭이 울더라 마태복음 26:74

그런데 그 순간 닭이 우는 소리가 들려 왔고, 예수님께서 잡히시기 전에 자신에게 하신 말씀이 생각났습니다. 그는 통곡했습니다.

> 이에 베드로가 예수의 말씀에 닭 울기 전에 네가 세 번 나를 부인하리라 하심이 생각나서 밖에 나가서 심히 통곡하니라 마태복음 26:75

우리는 예수님을 믿는다고 고백은 하지만 때때로 살아가면서 예수님을 배반하며 살아갈 때가 있습니다. 우리의 유익을 위해 얼마나 쉽게 예수님의 이름을 헌신짝처럼 내팽개치는지 모릅니다. 그리스도인이지만 사회에 나가면 그리스도인이 아닌 것처럼 살아가는 사람들도 얼마나 많은지 모릅니다. 아무렇지도 않게 죄를 짓고 불의를 행하는 경우 역시 모두 예수님을 배반하는 행위입니다. 그러나 부름에 합당한 열매를 맺으려면 어떤 상황에서도 예수님을 배반해서는 안 됩니다. 오히려 어렵고 고통스러운 상황일수록 하나님의 자녀로서 믿음을 지키며 믿음에 합당한 열매를 맺어야 합니다.

# 예수님 없는 빈 배 인생

베드로는 부활하신 예수님을 만났음에도 예수님을 떠나 고기 잡던 예전 어부의 삶으로 돌아갔습니다. 그러던 어느 날 고기를 잡으려고 밤새도록 그물을 던졌지만 단 한 마리도 잡히는 것이 없었습니다.

> 시몬 베드로가 나는 물고기 잡으러 가노라 하니 그들이 우리도 함께 가겠다 하고 나가서 배에 올랐으나 그 날 밤에 아무것도 잡지 못하였더니 요한복음 21:3

3년 전 베드로가 예수님을 처음 만났을 때에도 지금처럼 밤새도록 그물을 던졌으나 한 마리의 고기도 잡지 못했었습니다.

> 시몬이 대답하여 이르되 선생님 우리들이 밤이 새도록 수고하였으되 잡은 것이 없지마는 말씀에 의지하여 내가 그물을 내리리이다 하고 누가복음 5:5

예수님을 떠난 인생, 예수님이 없는 인생은 빈 그물, 빈 배 인생입니다. 주님 없이 우리 힘으로 하는 노력은 허무와 절망이 가득찬 그물만 건져 올리게 됩니다. 예수님 없는 인생의 노력은 무익하고 헛된 것입니다.

> 여호와(야훼)께서 집을 세우지 아니하시면 세우는 자의 수고가 헛되며 여호와(야훼)께서 성을 지키지 아니하시면 파수꾼의 깨어 있음이 헛되도다 시편 127:1

예수님 없는 인생은 절망 그 자체입니다. 그러나 감사한 것은 '절대 절망'에 처한 인간을 구원하시기 위해 '절대 희망' 되신 예수님께서 이 땅에 오셨다는 것입니다.

디베랴 바닷가에 동이 트기 시작했습니다. 이제는 그만 고기잡이를 접고 돌아가야 할 시간이었습니다. '이제는 끝이다'라고 생각하며 빈 그물만 건져 올리고 있는 바로 그때에 예수님께서 베드로를 찾아오셨습니다.

> 날이 새어갈 때에 예수께서 바닷가에 서셨으나 제자들이 예수이신 줄 알지 못하는지라 요한복음 21:4

예수님은 성공한 베드로가 아니라 실패한 베드로를 찾아오셨습니다. 만일 우리 앞에 실패가 놓여 있다면 바로 그때가 예수님을 새롭게 만날 때임을 알아야 합니다. 예수님은 우리가 성공했을 때만이 아니라 실패했을 때, 중병에 걸려 몸을 가눌 수가 없을 때, 믿었던 사람에게 배신을 당했을 때에 친히 찾아오시는 분입니다. 우리를 위로해 주시고 실패를 성공으로 바꾸어 주시기 위해서 우리를 찾아오십니다.

존 웨슬리의 유명한 일화가 있습니다. 웨슬리가 여섯 살이던 1709년 2월 9일 밤 11시경에 그의 가족이 살던 목사관에 불이 났습니다. 부모님과 다른 형제들은 모두 일어나 밖으로 나갔는데 2층에서 자고 있던 어린 웨슬리는 나오지 못했습니다. 뒤늦게 잠에서 깬 웨슬리는 창가에 서서 살려 달라고 외쳤고 바로 그때에 이웃 사람이 달려들어가 간신히 그를 구출할 수 있었습니다. 그리고 웨슬리가 구출되자마자 불타던 집은 곧 와르르 무너져 내렸습니다. 어른이 된 웨슬리는 그 위기 순간에 이웃 사람을 통하여 자신을 찾아오셔서 살려주신 주님의 은혜를 사명의 원동력으로 삼았다고 합니다. 그래서 웨슬리는 사역하는 도중 종종 자신이 불에서 구출되었던 일을 이야기하면서 자신을 '불에서 꺼낸 타다 남은 나무'로 표현했습니다.

주님은 우리가 위기에 처해있을 때에 우리를 홀로 버려두지 않으시고 찾아오십니다. 주님은 언제나 우리를 먼저 찾아오시는 분이십니다. 범죄한 아담에게도 하나님께서 먼저 찾아오셔서 "네가 어디 있느냐"창 3:9라고 말씀하셨습니다. 동생을 죽인 최초의 살인자 가인에게도 하나님께서 먼저 찾아오셔서 "네 아우 아벨이 어디 있느냐"창 4:9고 물으셨습니다. 낙심한 엘리야에게도 하나님께서 먼저 찾아오셔서 "엘리야야 네가 어찌하여 여기 있느냐"왕상 19:9고 물으셨습니다. 예수님께서는 베데스다 연못가의 38년 된 병자에게 찾아오셨습니다요 5:6. 엠마오로 내려가던 두 제자에게도 찾아와 그들과 동행해 주셨습니다눅 24:13-15. 실패한 베드로를 찾아오신 주님께서 물으셨습니다. "얘들아 너희에게 고기가 있느냐"요 21:5. 이에 베드로는 이렇게 대답했습니다. "없나이다"요 21:5.

주님께서 오늘 우리에게 물으십니다. "너희가 수고하여 얻은 것이 무엇이냐?"

오늘날 많은 사람이 베드로처럼 실패와 절망의 디베랴 바다에서 그물을 던지는 삶을 살아가고 있습니다. 그 그물에 잡히는 것은 아무것도 없습니다. 주님께서 함께하지 않으시면 어떠한 것도 얻을 수 없습니다. 그래서 '절대 절망'에 처한 우리 인간을 구원하시기 위해 '절대 희망'되신 예수님께서 이 땅에 오신 것입니다. 예수님께서 오늘도 우리를 부르십니다.

> 수고하고 무거운 짐 진 자들아 다 내게로 오라 내가 너희를 쉬게 하리라
> 마태복음 11:28

주님께서 함께하시면 우리의 잃어버린 신앙을 다시 찾게 됩니다. 잃어버린 기쁨, 잃어버린 열정, 잃어버린 행복을 다시 찾게 됩니다. 부활하신 예수님은 절망과 실의에 빠진 우리의 삶 속에 찾아오셔서 부활의 새 생명을 주시는 분이십니다. 한 마리의 고기도 잡지 못한 베드로에게 예수님께서 그물을 배 오른편으로 던지라고 말씀하셨습니다.

> 이르시되 그물을 배 오른편에 던지라 그리하면 잡으리라 하시니 이에 던졌더니 물고기가 많아 그물을 들 수 없더라 요한복음 21:6

베드로가 주님의 명령에 순종하여 그물을 배 오른편에 던졌을 때에, 그물을 들 수 없을 만큼 많은 고기가 잡히는 축복을 받았습니다. 주님께서 함께하시면 빈 그물이 가득 차서 넘치고, 실패가 성공으로 변화되는 기적이 일어납니다.

『당신 없는 인생은 빈 그물이오니』의 저자 오혜령 씨는 사랑받는 극작가요, 방송인이요, 배우였습니다. 1960~1970년대 〈별이 빛나는 밤에〉 라디오 프로그램의 작가이자 DJ로 활동했던 그녀는 화려하게 잘나가던 유명인이었습니다. 미션스쿨을 다닌 덕분에 예수님에 대해 알고는 있었지만 믿음이 없어 여기저기 그물만 던지는 예수님 없는 인생을 살았습니다. 그러다 위암과 임파선 암으로 3개월의 시한부 인생을 선고받게 되었습니다. 그 후 매일 달력에 색연필로 빗금을 치면서 죽을 날만 기다리고 있었습니다. 3개월을 채워 가던 어느 날, '희망을 버리지 말라'는 메모와 함께 백합 50송이를 받았습니다. 반 시간 가까이 꽃에 얼굴을 파묻고 가만히 있다 보니 정신이 몽롱해지기 시작했습니다. 그런데 그때 어디선가 갑자기 자신의 목덜미를 낚아채는 강한 손길을 느꼈습니다. 순간 정신없이 방바닥에 나동그라졌습니다. 오혜령 씨는 직감적으로 살아 계신 예수 그리스도께서 자기를 찾아오셨다는 것을 느꼈습니다. 반사적으로 외쳤습니다. "죽음의 한복판까지 찾아오시는 당신은 누구십니까?"

그녀는 그때 갑자기 주님 없이 살아온 자신의 삶이 하나둘 떠오르기 시작했습니다. 주님을 나 몰라라 하면서 마음대로 살았던 죄에 대한 두려움이 엄습했습니다. 처음에는 어디서부터 회개해야 할지 몰라 눈물만 쏟아졌습니다. 그러나 곧 자기 죄를 하나둘 회개하기 시작했고 시한부 판정을 받은 3개월이 지난 후에도 반년 가까이를 더 지냈습니다. 그런데 어느 날 기도와 찬양을 하며 혼자 예배를 드리고 있는데 온몸에 오한이 덮쳐 왔습니다.

'아, 이제 죽음의 시간이 왔구나.'

너무나 추워서 이불을 잡아당겼습니다. 그런데 놀랍게도 겨드랑이에 잡히던 임파선 암 덩어리가 만져지질 않았습니다. 어깨에 복숭아씨만 하던 멍울도 사라지고 복수로 차올랐던 배도 꺼져 있었습니다. 예수님께서 그녀를 치료해 주신 것입니다.

그 후로 오혜령 씨는 새로운 인생을 시작했습니다. 더는 자신의 이름을 위해 살지 않았습니다. 지금은 경기도 어느 조그마한 마을에 버림받은 어르신들을 위해 '평화의 집'을 마련하고 그들을 섬기며 살고 있습니다. 하루에 아홉 시간씩 기도로 주님과 교제하면서 말입니다. 오혜령 씨는 이렇게 고백합니다.

"주님 없는 생의 호수에 그물을 던지고 물고기가 잡히기를 바랐던 지난 나날들은 죽은 시간이었습니다. 오 주님, 이제 주님께서 그물을 채워 주소서. 그러면 저는 비로소 살 것입니다. 인생의 가장자리에 서 계신 부활의 주님, 주님 없이 한평생 수고해 보아야 우리 인생은 빈 그물이옵니다. 날마다 호숫가에서 저희를 기다리시는 주님을 바라보게 하옵소서."

우리의 배가 혹시 빈 배는 아닌지 확인해 볼 필요가 있습니다. 주님은 그 빈 배에 찾아오시기를 원하십니다. 빈 배에 찾아오신 주님을 만나야 합니다. 그리고 "그물을 배 오른편에 던지라 그리하면 잡으리라"요 21:6, "아무것도 염려하지 말고 다만 모든 일에 기도와 간구로, 너희 구할 것을 감사함으로 하나님께 아뢰라"빌 4:6고 하시는 말씀에 순종해야 합니다. 그러면 빈 배가 채워지는 것입니다. 결국 실패는 성공으로 바뀌고 절망은 희망으로 바뀌는 것입니다.

## 사명을 따르는 기쁨

베드로는 고기가 가득 잡히자 3년 전 일이 기억났습니다. 그때에도 밤새 고기 한 마리를 못 잡았으나 예수님께서 찾아오셨을 때에 고기가 가득 잡혔었습니다. 순간 예수님께서 오셨음을 알았습니다. 너무 감격해 주님을 만나기 위해 바다로 뛰어들었습니다.

> 예수께서 사랑하시는 그 제자가 베드로에게 이르되 주님이시라 하니 시몬 베드로가 벗고 있다가 주님이라 하는 말을 듣고 겉옷을 두른 후에 바다로 뛰어 내리더라 요한복음 21:7

예수님께서는 온몸이 젖어 추위에 떨며 육지로 올라온 베드로를 위해 숯불을 피워 놓고 떡과 생선을 굽고 계셨습니다.

> 육지에 올라보니 숯불이 있는데 그 위에 생선이 놓였고 떡도 있더라
> 요한복음 21:9

예수님께서는 베드로에게 "왜 나를 세 번이나 부인했느냐"고 야단치지 않으셨습니다. 오히려 추위에 떠는 베드로를 따뜻하게 맞아 주시고 밤새 일하느라 허기졌을 그를 위해 떡과 생선을 구워 배불리 먹게 하셨습니다. 예수님께서는 베드로를 위해 숯불을 피우셨고 숯불 앞에서 다 용서하셨습니다. 이것이 변함없는 주님의 사랑입니다. 우리가 연약하고 불의하고 추하고 못났음에도 주님은 여전히 우리를 사랑하십니다. 끝까지 사랑하시고 절망에서 일으켜 새 힘을 주십니다.

베드로는 예수님의 사랑에 감격하며 눈물로 음식을 대했습니다. 식사를 마친 후 예수님께서 "네가 이 사람들보다 나를 더 사랑하느냐", "나를 사랑하느냐", "나를 사랑하느냐" 이렇게 세 번 물으셨습니다요 21:15-17. 그리고 사명을 맡기셨습니다.

> 그들이 조반 먹은 후에 예수께서 시몬 베드로에게 이르시되 요한의 아들 시몬아 네가 이 사람들보다 나를 더 사랑하느냐 하시니 이르되 주님 그러하나이다 내가 주님을 사랑하는 줄 주님께서 아시나이다 이르시되 내 어린 양을 먹이라 하시고 요한복음 21:15

주님은 결국 "네가 네 이웃이나 네 자식이나 네 재산이나 네가 좋아하는

것들보다 나를 더 사랑하느냐"라고 물으신 것입니다. 주님은 우리의 과거의 잘못이나 실패에 관심이 있으신 것이 아닙니다. 주님은 우리가 베드로처럼 주님께 사랑을 고백하기 원하십니다. 다윗처럼 고백하기를 원하십니다.

> 나의 힘이신 여호와(야웨)여 내가 주를 사랑하나이다 시편 18:1

예수님께서는 왜 "네가 나를 사랑하느냐?"는 똑같은 질문을 세 번씩이나 되풀이하셨을까요? 베드로의 마음의 상처를 치료해 주시기 위해서입니다. 예수님께서 잡히시던 날 밤 베드로가 주님을 세 번이나 부인한 그 일이 베드로의 가슴속에 평생 지울 수 없는 상처로 새겨졌을 것을 주님은 알고 계셨습니다. 이 사실을 누구보다 잘 아시는 예수님께서는 세 번 반복하여 주님에 대한 사랑을 고백할 기회를 주신 것입니다. 베드로의 마음에 새겨진 상처를 치유해 주신 것입니다. 그리고 예수님께서는 베드로에게 다시 기회를 주셨습니다. 다시 시작할 수 있도록 사명을 주셨습니다.

> 내 어린 양을 먹이라 하시고 요한복음 21:15

여기서 말하는 '어린 양'이란 교회 안에 약한 지체들, 믿음이 약한 성도들, 아직 믿음이 성숙하지 못한 새가족을 가리킵니다. 그들을 하나님의 말씀으로 먹여 신앙이 견고하게 잘 자라도록 도와주어야 합니다.

그리고 교회에서 자칫 무관심하거나 소홀하게 여길 수 있는 어린아이들에 대해서도 깊은 관심과 사랑을 가져야 합니다. 무관심 속에 자란 아이들은 마음에 병이 들게 됩니다. 어린아이들이 사랑을 받지 못하면 문제아로 자라게 됩니다. 그렇기 때문에 우리는 아이들에게 그 무엇보다 사랑의 관심을 보여 주어야 합니다.

> 내 양을 치라 하시고 요한복음 21:16

'치라'는 말은 '나의 양들을 보호하라, 보살피라'는 뜻이고, 여기서 말하는 '양'은 교회의 구성원인 성도를 가리킵니다. 목자는 성도들을 거짓 교사들과 이단, 그리고 세상 유혹에 물들지 않도록 보호하고 어려움 당한 성도, 고난 중에 있는 성도들을 돌봐야 합니다.

> 내 양을 먹이라 요한복음 21:17

'먹이라'는 말은 영적 성장과 연관되어 있습니다. 15절에서 "내 어린 양을 먹이라"고 하셨는데 어린 양은 믿음이 약한 성도요, 양은 기존 성도들을 가리키는 것입니다. 새가족을 말씀으로 양육하여 건강하게 만들어야 합니다. 또 건강한 양인 기존 성도들도 말씀으로 가르쳐서 더욱 성장하고 성숙하게 만들어야 합니다. 예수님은 자신을 배반하고 멀리 떠난 베드로를 찾아오셔서 다시금 사명을 주셨습니다.

삼손은 하나님께서 세우신 위대한 지도자였습니다. 그의 힘을 당할 자는 세상 어디에도 없었습니다. 그러나 이방 여인 들릴라의 꼬임에 빠져 머리털이 잘리고 나자 두 눈이 뽑혀 연자 맷돌을 돌리는 노예의 신세로 전락하고 말았습니다. 그러나 그는 하나님께 다시 한 번 기회를 주실 것을 간구

합니다.

> 삼손이 여호와(야훼)께 부르짖어 이르되 주 여호와(야훼)여 구하옵나니 나를 생각하옵소서 하나님이여 구하옵나니 이번만 나를 강하게 하사 나의 두 눈을 뺀 블레셋 사람에게 원수를 단번에 갚게 하옵소서 하고 사사기 16:28

하나님께서는 그 기도를 들으시고 삼손에게 블레셋 원수들을 심판할 수 있는 기회를 주셨습니다. 우리도 주님께서 우리를 회복시키시고 다시 우리에게 맡기시는 사명이 무엇인가를 깨달아야 합니다.

1995년 삼풍백화점 붕괴 사고를 기억할 것입니다. 그 사고로 501명이 사망하고 937명이 다쳤으며 여섯 명이 실종됐습니다. 재산피해액도 약 2,700억 원에 달했습니다. 대법원은 업무상 과실치사죄를 적용해 이한상 전 삼풍백화점 사장에게 징역 7년형을 선고했습니다. 젊은 나이에 부와 명예를 모두 가졌던 그의 인생은 거기서 끝난 것 같았습니다.

구치소에서 복역하는 동안 그는 엄청난 불안감과 스트레스에 시달렸습니다. 한쪽 벽에 등을 대고 다리를 쭉 뻗으면 다리가 반대쪽 벽에 닿을 정도로 좁고 사람 얼굴 크기만한 작은 창문이 있는 그런 감옥에서 24시간 벽만 보고 있어야 했습니다. 아무리 노력해도 결코 마음의 평안을 찾을 수가 없었습니다.

그때 손에 무언가 잡히는 게 있었습니다. 성경책이었습니다. 그는 한 장 한 장 읽어나가기 시작했습니다. 구치소 독방은 조명이 너무 약해서 성경을 눈 가까이에 대고 집중해서 읽을 수밖에 없었습니다. 그러던 어느 날 그는 요한복음 21장 15절 말씀에서 눈을 뗄 수 없었습니다.

"요한의 아들 시몬아 네가 나를 사랑하느냐"

세 번에 걸친 예수님의 물음이 그의 심장을 때렸습니다. 초등학생 때부터 교회를 다닌다고는 했지만 한 달에 겨우 한 번 정도 주일 예배만 참석하던 그였습니다.

"모든 것을 잃어버린 저에게 하나님은 '나를 사랑하느냐'고 물으셨습니다. 저는 하나님께 되물었습니다. '왜 저를 죽이지 않으셨습니까?'"

이후 그는 하나님과 대화를 나누게 되었습니다. 처음엔 민망하기도 했지만 여러 차례 하나님께 사랑을 고백했습니다. 그런데 하나님께 한 가지 의문이 생겼습니다.

"아버지, 제가 죄인이면 저만 죽이시지 왜 그 많은 사람까지 사고로 죽게 하셨습니까?"

그는 묻고 또 물었습니다. 그렇게 오랜 시간이 지난 뒤 하나님께서 그의 마음에 주신 단어는 '순종'이었습니다. 그때부터 그는 무조건 하나님을 따르기로 작정했습니다.

출소 이후 어떤 삶을 살 것인가를 기도했습니다. 사업 경력이 아깝다며 회사를 맡기려는 지인들도 있었지만 자신이 가야 할 길을 분명히 알고 있었습니다.

'다시는 세상 것을 좇지 않겠다. 생명을 구하는 일에 나서자.'

그는 몽골에서 사역하는 선교사를 만나러 몽골에 갔다가 '바로 이곳이다'라는 확신을 얻고 지금은 몽골 선교사가 되어 새로운 삶을 살아가고 있습니다. 그는 30대 초반에 배웠던 침술을 선교의 현장에서 활용하고 있습니다.

그뿐만 아니라 2006년엔 캐나다대체의학협회에서 주는 침술사 자격증도 취득했습니다. 의료 시설이 많지 않은 몽골인들에게 침술은 큰 도움이 되었습니다. 이러한 침술 사역에 대한 소식을 듣고 다른 지역에서 찾아오는 사람도 많았습니다. 그는 이렇게 고백했습니다.

"사고로 상처받은 분들을 생각하면 저는 웃을 수가 없습니다. 그 일을 저는 잊을 수도 없고 잊어서도 안 됩니다. 사고 피해자와 그 가족들의 아픔이 치유되기를 위해 항상 기도합니다. 생명을 구원하고 치유하는데 조금이나마 힘을 보태는 삶을 살아가겠습니다. 그것이 하나님께서 제게 주신 사명이라고 믿습니다."

이한상 선교사는 자신의 과실 때문에 수백 명의 생명을 잃게 했다는 죄책감 속에서 살아가고 있었습니다. '용서받지 못할 자', '파렴치범', '살인마' 등 그에게 쏟아진 단어는 무시무시했습니다. 감당할 수 없는 비난이 쏟아졌습니다. 이한상 선교사조차도 자기 스스로를 용서할 수 없었습니다. 그러나 감옥 속에서 죄책감으로 고통스러워하던 그에게 주님은 찾아오셔서 회복시키시고 '나를 사랑하느냐'고 물으시며 다시 사명을 맡기셨던 것입니다. 주님은 우리가 다시 출발하기를 원하십니다. 그리고 사명을 감당하길 원하십니다.

김길 목사는 그의 저서인 『사명』에서 다음과 같이 말했습니다.

"예수님의 관심은 사명에 있다. 따라서 예수님의 관심을 따라가야 생명 안에 있을 수 있다. 사명과 멀어지면 생명과 멀어진다. 생명의 관계가 어떻게 가능한가? 사명을 이루고자 할 때 가능하다. 혹 내 마음에 들지 않더라도 사명을 이루고자 하는 관계로 사람을 대하면 나의 감정과 정서로 사람을 대하지 않게 된다."

목숨보다 더 중요한 사명이 있습니까? 생명을 구하는 사명이야 말로 하나님께서 우리에게 허락하신 최고의 사명입니다. 우리는 사명을 이루고자 하는 삶을 살아야 합니다.

## Chapter 09
# 부르심을 따라 사는 삶

베드로는 예수님의 수제자로 불렸던 사람입니다. 그러나 그는 예수님이 십자가에 달리실 때 주님을 세 번이나 부인했습니다. 그 후 주님을 배반했다는 죄책감에 모든 것을 포기하고 갈릴리로 돌아가 어부의 삶으로 복귀했습니다. 예수님은 부활하신 뒤 절망에 빠져있는 베드로를 찾아오셨습니다. 그리고 그를 용서해주시고 다시 사명의 길을 걸어갈 수 있도록 새로운 용기를 불어넣어 주셨습니다. 하나님의 부르심을 따라 사는 삶에는 절망도 포기도 없습니다. 하나님께 받은 사명을 생명보다 소중히 여기며 기쁨으로 그 길을 따라가야 할 것입니다.

### 묵상
나를 사명의 길에서 멀어지게 만드는 것이 있는지 생각해봅시다. 만약 그러한 것이 있다면 어떻게 해야 사명에 집중할 수 있는지 생각해봅시다.

### 적용
하나님께 받은 사명을 구체적으로 기록하고 향후 10년 동안 그것을 이루어갈 계획을 세워봅시다.

# Chapter 10

# 절망 중에 찾아오시는 예수님

## 나그네 의식으로 살라

야곱이 브엘세바에서 떠나 하란으로 향하여 가더니 창세기 28:10

야곱은 욕심이 많은 사람이었습니다. 특히 복 받는 일에 욕심이 많았습니다. 팥죽 한 그릇으로 쌍둥이 형 에서의 장자권을 사는가 하면, 눈이 어두워진 아버지 이삭을 속여 장자만이 받을 수 있는 축복 기도를 가로채기까지 했습니다.

아버지의 축복권을 동생에게 빼앗긴 에서는 분노하여 야곱을 죽일 기회만을 노리고 있었습니다. 이를 안 어머니 리브가는 야곱을 외삼촌이 있는 하란 땅으로 피신시킵니다. 브엘세바에서 하란까지의 거리는 800킬로미터가 넘는 먼 길로 서울에서 부산까지 거리의 거의 두 배가 되는 거리였습니다. 더군다나 하란으로 가기 위해서는 광야를 지나가야 했습니다. 야곱은 그저 보따리 하나 달랑 들고 쓸쓸히 험난한 길을 떠난 것입니다. 광야는 텅 비고 아무도 없는 들을 지칭합니다. 낮의 찌는 듯한 더위와 밤의 뼛속 깊이 스며드는 추위를 이겨내야 합니다. 그리고 끝이 없는 것 같은 그 길을 걷고 또 걸으며 자신 외에는 아무도 없는 외로움을 이겨내야 하는 길입니다. 야곱이 그렇게 한참을 가다 밤이 되어 들판 한 곳에 쓰러져 잠을 자게 되었습니다. 외로움과 두려움, 배고픔에 지쳐 쓰러진 야곱은 겉옷을 이불 삼고 돌을 베개 삼아 차디찬 땅바닥에서 잠을 청했습니다.

이런 야곱의 모습은 험한 인생길을 살아가는 우리의 모습과도 같습니다. 힘써 일을 해도 결과가 좋지 않고, 가정 문제 때문에 가슴을 치며 살기도 합니다. 부부간과 부모와 자식 간에도 갈등과 아픔이 있습니다. 늘 무언가 불안하고 걱정이 되어 밤잠을 제대로 이루지 못하는 우리의 모습은 광야에 쓰러져 자는 야곱의 모습과 다를 것이 없습니다.

우리에게는 하나님께서 맡겨 주신 사명을 잘 감당하다가 천국 본향으로 돌아가야 할 목적이 있습니다. 그래서 그리스도인의 삶을 이 땅에서 나그네로 사는 것이라고 해도 과언이 아닐 것입니다. 그러나 이 나그네 인생을 살아가는 동안 우리가 더는 외로워하고 슬퍼하며 낙심하지 않게 된 것은 예수님이 우리 삶의 주인으로 오셨기 때문입니다. 주님이 우리와 함께하시기 때문에 외로운 길도, 슬픈 길도, 힘든 길도, 어려운 길도 믿음으로 당당하게 전진해 나갈 수 있게 되는 것입니다. 천국 본향을 바라보며 믿음으로 전진해 나가다가 주님께서 "오라" 부르시는 그때에 우리는 영광 가운데 주님을 만나게 될 것입니다. 그래서 우리는 이 땅에 나그네로 사는 것입니다.

찬송가 작가로 유명한 토마스 테일러Thomas Taylor는 19세기 영국의 회중

교회에서 사역을 했습니다. 테일러는 어릴 때부터 몸이 약했습니다. 목회를 시작할 때도 늘 몸이 아팠기 때문에 '정말 오늘이 마지막이다' 하는 마음으로 강단에 섰습니다. 그렇기 때문에 더 열심히 말씀을 전했고, 있는 힘을 다해 전도했습니다. 1835년 3월 6일, 테일러는 저녁 집회에서 "나는 죽을 때 말씀을 듣고 죽을 것입니다"라는 설교를 했는데 마치 자기의 죽음을 예감한 것 같은 설교였습니다. 많은 사람이 그의 설교에 깊은 감명을 받고 돌아갔습니다. 다음날 아침, 테일러가 평소에 일어나는 시간이 지나도 기척이 없어 가족들이 그의 방문을 열어 보니 편안히 잠자는 모습으로 천국으로 간 것입니다. 그때 테일러의 나이 스물일곱이었습니다. 테일러는 하늘나라를 돌아갈 고향으로 삼고 살았기 때문에 병약한 몸으로 짧은 생애를 살았으면서도 감동적인 자취를 남길 수 있었습니다. 테일러는 우리에게 새 찬송가 479장을 남겨 주었습니다.

괴로운 인생길 가는 몸이

① 괴로운 인생길 가는 몸이 평안히 쉴 곳이 아주 없네
　걱정과 고생이 어디든 없으리 돌아갈 내 고향 하늘나라
② 광야에 찬바람 불더라도 앞으로 남은 길 멀지 않네
　산 넘어 눈보라 세차게 불어도 돌아갈 내 고향 하늘나라
③ 날 구원하신 주 모시옵고 영원한 영광을 누리리라
　그리던 성도들 한자리 만나리 돌아갈 내 고향 하늘나라

예수님께서는 우리의 거처를 예비하러 본향에 먼저 가셨습니다.

> 내 아버지 집에 거할 곳이 많도다 그렇지 않으면 너희에게 일렀으리라 내가 너희를 위하여 거처를 예비하러 가노니 가서 너희를 위하여 거처를 예비하면 내가 다시 와서 너희를 내게로 영접하여 나 있는 곳에 너희도 있게 하리라 요한복음 14:2-3

이 땅에서 고향을 찾아가는 방법은 자동차, 기차, 비행기 등 여러 가지입니다. 그러나 하늘의 고향으로 가는 방법은 오직 예수 그리스도뿐입니다.

> 예수께서 이르시되 내가 곧 길이요 진리요 생명이니 나로 말미암지 않고는 아버지께로 올 자가 없느니라 요한복음 14:6

성경의 위대한 인물들을 보면 한결같이 천국을 소망하는 사람들이었습니다. 다윗은 왕궁에서 부귀영화를 누렸지만 거기에 안주하지 않고 항상 천국에 대한 소망을 마음에 품고 있었습니다. 그에게는 나그네 의식이 있었습니다.

> 우리는 우리 조상들과 같이 주님 앞에서 이방 나그네와 거류민들이라 세상에 있는 날이 그림자 같아서 희망이 없나이다 역대상 29:15

믿음의 조상들이 때로 인생의 길에서 견디기 어려운 시련과 고난이 있어도 이를 극복하고 승리할 수 있었던 이유는 그들이 오직 본향인 천국을 바라보고 살았기 때문입니다.

이 사람들은 다 믿음을 따라 죽었으며 약속을 받지 못하였으되 그것들을 멀리서 보고 환영하며 또 땅에서는 외국인과 나그네임을 증언하였으니 그들이 이같이 말하는 것은 자기들이 본향 찾는 자임을 나타냄이라 그들이 나온 바 본향을 생각하였더라면 돌아갈 기회가 있었으려니와 그들이 이제는 더 나은 본향을 사모하니 곧 하늘에 있는 것이라 히브리서 11:13-16

그들은 자기들이 돌아갈 천국을 생각하면서 삶의 고난과 어려움을 충분히 이겨낼 수 있었습니다. 아름다운 본향을 바라보며 슬픔과 고통을 이기고 승리의 삶을 살 수 있었습니다.

그러므로 우리는 주님 앞에 가는 날까지 힘써 주의 일을 해야 합니다. 지금까지 어떻게 살았는지가 중요한 것이 아닙니다. 앞으로 남은 우리의 삶이 정말로 주님 앞에 드려지는 거룩한 산 제물이 되어야 합니다. 하나님의 영광을 위해 살아야 합니다. 우리 주님은 곧 다시 오십니다. 그때 주님께서 이 땅에서의 수고를 격려하시며 우리를 반갑게 맞아 주실 것입니다.

20세기 초 아프리카 선교에 헌신한 헨리 모리슨Henry C. Morrison선교사의 간증입니다. 그는 아프리카에서 40년 동안 선교 사역을 하고 나이가 들어 부인과 함께 고향인 미국으로 돌아오고 있었습니다. 그런데 그가 탄 배에는 아프리카의 한 국가를 방문한 후 사냥을 하고 돌아오는 미국의 루즈벨트 대통령이 타고 있었습니다. 배가 뉴욕 항구에 도착하자 붉은 레드 카펫이 깔리고 군악대의 팡파르 소리로 대통령을 환영했습니다. 대통령 일행이 항구를 빠져나가고 백발이 성성한 모리슨 부부가 내렸을 때에는 레드 카펫도 없었고, 군악대의 팡파르 소리는커녕 그들을 마중 나온 사람도 아무도 없었습니다. 무거운 마음으로 호텔에 돌아온 그는 침대에 앉아서 부인에게 말했습니다.

"여보, 40년 동안 우리는 선교 사역을 위해 우리의 삶 전체를 쏟아 부었어요. 그리고 이제 미국으로 돌아왔는데 우리를 환영해 주는 사람이 한 사람도 없군요."

그의 부인은 헨리가 옆에 앉아 이렇게 대답했습니다.

"헨리, 당신은 중요한 것을 잊고 있어요. 당신은 아직 고향에 온 것이 아니에요."

우리의 순례는 아직 끝나지 않았습니다. 우리가 이 땅에서의 여정을 마치고 본향으로 돌아가는 날, 주님께서는 레드 카펫이 아닌 황금 길을 깔고, 군악대가 아닌 천사들의 나팔 소리와 함께 우리를 마중 나오실 것입니다. 그러므로 우리는 약속의 말씀을 바라보고 주님과 동행하며 믿음의 순례, 섬김의 순례, 영원한 사랑의 순례를 계속해야 합니다.

## 고난은 있어도 절망은 없다

밤이 되어 외롭고 지친 야곱이 피곤한 몸을 뉘였을 때에 하나님께서 환상 중에 찾아오셨습니다.

> 한 곳에 이르르는 해가 진지라 거기서 유숙하려고 그곳의 한 돌을 가져다가 베개로 삼고 거기 누워 자더니 꿈에 본즉 사닥다리가 땅 위에 서 있는데 그 꼭대기가 하늘에 닿았고 또 본즉 하나님의 사자들이 그 위에서 오르락내리락 하고 창세기 28:11-12

주님은 절망의 밤에 우리를 찾아오십니다. 깊은 밤은 야곱의 현실입니다. 그의 인생도 해가 진 밤처럼 깜깜하기만 했습니다. 그런데 그때 사닥다리가 보이고 그 위에 하나님께서 서서 말씀하셨습니다. 사닥다리는 하늘과 땅을 연결하는 길, 즉 장차 오실 예수 그리스도를 예표豫表합니다. 하나님과 사람을 이어 주는 중보자는 오직 예수님밖에 없습니다.

우리 앞에 있는 모든 문이 닫혀버린 것 같고 낙심되어 모든 것을 포기하고 싶을 때도 우리는 주 예수님을 바라보아야 합니다. 예수님만이 문제 해결의 길이십니다. 인생의 어두운 밤을 만났을 때에 하나님 앞에 철저하게 깨어지고 낮아진다면 그때 하나님께서 새로운 문을 열어 주십니다.

사도 바울은 아시아 복음화의 꿈을 가지고 계속 아시아로 가려고 했으나 성령님께서 막으심으로 모든 문이 닫혔습니다. 절망에 처한 바울이 밤을 만났을 때에 하나님께서는 마게도냐의 환상을 보여 주셨습니다.

> 무시아를 지나 드로아로 내려갔는데 밤에 환상이 바울에게 보이니 마게도냐 사람 하나가 서서 그에게 청하여 이르되 마게도냐로 건너와서 우리를 도우라 하거늘 사도행전 16:8-9

사도 바울을 향한 하나님의 뜻은 유럽으로 복음을 전하는 일이었습니다. 아시아의 문은 닫으셨지만, 유럽의 문을 열어 주셨습니다. 밤이 깊으면 새벽이 밝아 오게 되어 있습니다. 한쪽 문이 닫히면 주님은 새로운 문을 열어 놓으시는 분입니다. 그러므로 인생의 고난의 밤은 희망의 새벽을 준비하는 시간입니다.

오래전 미국에 가난한 한 청년이 있었습니다. 그는 그림에 소질이 있던 청년으로 만화나 삽화를 그려서 신문사나 출판사의 문을 두드렸습니다. 그러나 번번이 거절당하고 말았습니다. 오갈 데조차 없었던 그 청년은 교회를 찾아갔습니다. 다행히 목사님이 당분간 창고에 머물도록 허락해 주었습니다. 그날 밤, 그는 창고에 엎드려서 "주님 감사합니다. 지금 내가 힘들지만 주님께서 좋은 길로 인도해 주실 것을 믿습니다"라고 기도했습니다. 그때 어디선가 부스럭거리는 소리가 났습니다. 알고 보니 그 창고는 여기저기 구멍이 뚫려서 쥐들이 빈번히 들락거리는 곳이었습니다. 쥐가 많다 보니 청년은 시간이 날 때마다 쥐를 그리기 시작했습니다. 이렇게 해서 탄생한 것이 바로 '미키 마우스'입니다. 그 청년이 바로 월트 디즈니Walt Disney였던 것입니다. 하나님께서는 쥐가 나오는 창고에서도 그와 동행해 주셨습니다.

하나님께서는 때와 장소를 가리지 않고 언제나 우리와 동행해 주신다는 사실이 확실히 믿어진다면 험난한 세상을 살아간다 할지라도 우리에겐 아무런 걱정과 근심이 없게 될 것입니다. 우리의 문제는 문제 자체가 아니라 하나님께서 기가 막힌 웅덩이와 수렁에서도 우리를 건져 주시는 분이라는 것을 믿지 못한다는 점입니다.

> 나를 기가 막힐 웅덩이와 수렁에서 끌어올리시고 내 발을 반석 위에 두사 내 걸음을 견고하게 하셨도다 시편 40:2

하나님께서는 하늘에서도, 바다 끝에서도 동행해 주십니다.

내가 하늘에 올라갈지라도 거기 계시며 스올에 내 자리를 펼지라도 거기 계

> 시니이다 내가 새벽 날개를 치며 바다 끝에 가서 거주할지라도 거기서도 주의 손이 나를 인도하시며 주의 오른손이 나를 붙드시리이다 시편 139:8-10

하나님께서는 요나가 배 밑창에 숨어 들어갔을 때도, 바다 깊은 곳으로 떨어져 물고기 배 속에 들어갔을 때도 동행해 주셨습니다. 하나님께서는 다니엘의 세 친구가 풀무불 가운데 던져졌을 때에도, 다니엘이 사자 굴에 던져졌을 때에도, 바울이 유라굴로의 풍랑을 만날 때에도, 베드로가 감옥에 갇혔을 때에도 동행해 주셨습니다. 하나님께서는 낮에도 밤에도, 매 순간 우리와 함께하십니다. 1년 365일 하루 24시간 분초마다 동행해 주십니다. 지금부터 영원토록 동행해 주십니다.

> 이스라엘을 지키시는 이는 졸지도 아니하시고 주무시지도 아니하시리로다 시편 121:4

> 여호와(야훼)께서 너의 출입을 지금부터 영원까지 지키시리로다 시편 121:8

할렐루야교회 김상복 원로목사는 1939년 일제강점기에 평양에서 태어나 가족과 함께 유명한 산정현교회에 출석하였습니다. 산정현교회 담임인 주기철 목사와 조만식 장로 그리고 다른 신앙 선배들의 순교의 신앙을 보며 자랐습니다. 또한 어린 시절 '하나님은 우리가 목숨 바쳐 섬겨야 할 분'이라고 배운 탓에 수없이 많은 매를 맞아야 했습니다. 해방 전인 초등학생 때에는 신사참배를 하지 않고 서 있다가 매를 맞았고, 해방 후에는 자신의 영웅이 김일성 장군이 아닌 예수님이라는 글을 써냈다가 매를 맞고, 주일

성수를 하는 것 때문에 매를 맞기도 했습니다.

6·25전쟁이 발발하던 해 중학교를 다니던 김상복 목사는 부모와 동생들을 남겨 두고 혼자 남하해 부산중학교를 졸업했습니다. 졸업 후 무작정 서울로 상경해 경복고등학교 교장선생님의 입학 허락으로 등록금을 내지 않고 고등학교를 다녔고, 서울대학교를 다니던 중에는 4·19 현장에서 세 번의 죽을 고비를 넘기기도 했습니다. 1960년대 중반 미국 유학길에 올랐을 때에도 시련은 계속 되었습니다. 인생의 시련이란 시련은 모두 겪었습니다. 하지만 김상복 목사는 하나님의 말씀과 그 속에서 얻는 신앙의 깨달음으로 고난의 시간을 이겨냈습니다. 그는 이러한 경험을 전하고자 하는 마음으로 『고난은 있어도 절망은 없다』라는 책을 썼습니다. 70여 년이 넘는 인생을 걸어오면서 깨달은 고난에 대해 이렇게 말하고 있습니다.

"인간은 고난을 당할 때 연약한 존재라는 것을 깨닫게 된다. 감당할 수 없는 시련에 직면했을 때에 '이것은 내가 해결할 수 없는 문제구나!'하고 우리의 한계를 인정하게 된다. 그때 하나님을 바라보아야 한다. 하나님께서는 우리와 대화하기 위해 고난을 통해 다가오신다. 그러므로 고난은 우리를 부르시는 하나님의 사인sign이다.

시련의 바람이 불 때 우리가 할 첫 번째 일은 하나님을 찾는 것이다. 어떤 문제든지 문제가 생기면 바로 주님을 찾아가 그분의 지혜를 구하고 도움을 받아야 한다. 우리는 고난 가운데서도 독수리처럼 바람을 타고 날개치며 창공을 날아오를 수 있다."

# 임마누엘의 약속

하나님은 절망에 처한 야곱에게 희망과 축복의 말씀을 주셨습니다. 비록 지금은 아무것도 없이 빈손으로 광야 길을 가고 있지만 나중에는 크고 창대하게 될 것을 약속하셨습니다.

> 또 본즉 여호와(야웨)께서 그 위에 서서 이르시되 나는 여호와(야웨)니 너의 조부 아브라함의 하나님이요 이삭의 하나님이라 네가 누워 있는 땅을 내가 너와 네 자손에게 주리니 네 자손이 땅의 티끌 같이 되어 네가 서쪽과 동쪽과 북쪽과 남쪽으로 퍼져나갈지며 땅의 모든 족속이 너와 네 자손으로 말미암아 복을 받으리라 창세기 28:13-14

눈에는 보이는 것 없고, 손에는 잡히는 것 없고, 귀에는 들리는 것 없어도 약속의 말씀을 붙잡고 오직 믿음으로 전진해 나아갈 때 하나님의 축복의 역사가 임하게 됩니다. 하나님은 항상 야곱과 동행하셨고 지켜 주셨습니다. 반드시 이 땅으로 돌아오게 할 것이며, 모든 약속을 다 이루시기까지 야곱을 떠나지 않겠다고 약속하셨습니다. 이것이 바로 언제나 우리와 함께하신다는 '임마누엘의 약속'입니다.

> 내가 너와 함께 있어 네가 어디로 가든지 너를 지키며 너를 이끌어 이 땅으로 돌아오게 할지라 내가 네게 허락한 것을 다 이루기까지 너를 떠나지 아니하리라 하신지라 창세기 28:15

그 후 야곱은 20년 동안, 낮에는 더위를, 밤에는 추위를 이겨 내면서 피눈물 나는 고생을 했습니다. 그의 외삼촌 라반에게 열 번이나 품값을 속는 아픔을 맛보았습니다. 그럼에도 그때마다 야곱이 마치 오뚝이처럼 일어설 수 있었던 것은 그의 마음속에 하나님의 약속을 간직하고 있었기 때문입니다.

우리는 광야와 같은 인생길을 자신의 힘으로 살아가겠다고 발버둥치지 말아야 합니다. 주님이 야곱의 하나님이시며 우리의 하나님이신 것을 잊지 말아야 합니다.

김규동 목사는 철저한 불교 신자에서 예수님을 영접하고 완전히 새사람이 된 후, 일본 선교에 헌신했습니다. 그의 일본 선교 이야기를 실은 『목숨을 걸고 주님만 바라보라』는 책에 보면 다음과 같은 이야기가 소개되어 있습니다.

1998년 5월, 김규동 목사는 각 대학 캠퍼스에서 가스펠 콘서트 집회를 열었습니다. 그러던 중 헬멧으로 얼굴을 가리고 쇠파이프와 야구방망이를 든 학생들이 메이지대학교에서 집회 안내문을 돌리는 여학생들을 습격하는 일이 있었습니다. 그들은 한창 성행하고 있던 극좌파 테러 단체인 혁명노선협의회라는 서클 학생들로 가스펠 콘서트 집회를 즉각 중지하라는 경고를 보낸 것입니다. 그 테러 단체는 "앞으로 학교에서 크게 전도 집회를 열거나 성경공부를 하지 마라. 만약 집회를 계속하면 가만두지 않겠다"며 협박했습니다. 경찰에 따르면 그 테러 단체는 자신들의 말을 듣지 않는 사람을 불구자를 만들거나, 식물인간을 만들고 심지어는 죽이기까지 한다고 했습니다. 김규동 목사와 교회 성도들은 매일 밤 기도에 매달렸습니다.

1998년 10월 18일 주일, 아침 예배를 인도하기 위해 집을 나섰던 김규동 목사는 아파트 엘리베이터 앞에서 검정색 점퍼를 입고 헬멧으로 얼굴을 가린 건장한 남자 다섯 명으로부터 폭행을 당했습니다. 남자들은 목사를 쇠파이프로 내리치고 칼로 찔렀습니다. 병원에 도착했을 때에는 목사의 양다리와 양팔의 뼈가 부스러진 상태였고, 광대뼈는 쇠파이프로 맞아 으스러져서 1센티미터가량 벌어져 있었습니다. 귀는 3분의 1 부분에서 잘려져 있었고, 오른쪽 팔에는 큰 칼이 박혀 있었습니다. 머리는 어찌나 맞았는지 두 배 이상으로 부풀어 올라 있었습니다. 심지어 테러범들은 목사의 아킬레스건까지 자르려는 시도를 한 흔적이 보였습니다. 마취 주사를 맞아도 고통을 느끼며 신음하던 목사는 속으로 테러 단체를 원망했다고 합니다.

그런데 그때 하나님의 특별한 위로가 임했습니다. 그의 눈앞에 피를 흘리고 신음을 내며 십자가에 매달려 돌아가시는 주님의 모습이 나타난 것입니다. 예수님의 모습은 자신의 고통이나 아픔과는 비교도 안 될 정도로 괴로워 보였다고 합니다. 또한 아브라함, 요셉, 모세, 다윗, 엘리야, 바울 등 신앙의 위인들의 모습을 보게 되었습니다. 그리고 그의 마음에 "일본을 누르고 있는 악한 영들에게 충격을 주려고 네가 택함을 받았다"는 하나님의 음성이 들렸습니다. 그러자 테러 단체에 대한 원망과 주님에 대한 섭섭함이 동시에 녹아 없어지고 회개 기도를 하게 되었습니다. 할렐루야를 외치며 "이제 주님만을 위해 달려가겠습니다"라고 다짐했습니다. 그 후에는 마음이 새털처럼 가벼워졌고, 두려움도 사라졌다고 합니다.

그의 몸은 의사들도 놀랄 정도로 빠른 회복세를 보였습니다. 그러던 중 김규동 목사는 테러 사건을 조사하고 있는 일본 경찰들로부터 테러범들을 일본법에 따라서 극형에 처해야 한다는 조서를 받게 되었습니다. 그러나 그는 고개를 흔들며 반대했습니다. 그리고 그 이유를 묻는 일본 경찰에게 이렇게 대답했습니다.

"그 사람들이 그런 행동을 한 것은 복음을 듣지 못해서입니다. 일찍 복음을 듣고 예수를 믿었다면 이렇게 되지 않았을 것입니다. 나는 이제 그들을 용서할 수 있습니다. 그들이 잡히게 되면 반드시 저에게 면회를 시켜 주십시오."

이 인터뷰는 곧 일본 신문에 대서특필 되었습니다. 그 당시 교회에서는 매일같이 사람들이 모여 기도하기 시작했습니다. 그러자 교회는 더 부흥했습니다. 반면에 혁명노선협의회에서는 이상한 일이 일어나기 시작했습니다. 협회 최고 지도자가 갑자기 병을 얻어 죽어 버리고 말았습니다. 그 일이 있은 후에 얼마 되지 않아 협회 내부에서 강경파와 온건파끼리 내분이 일어 서로 싸우고 심지어 살인까지 일삼았습니다. 그 일로 지도자들까지 감옥에 가게 되어 조직이 순식간에 완전히 와해되어 버렸습니다. 이것은 하나님께서 베푸신 기적입니다. 1988년에 열여섯 명으로 개척한 교회가 현재는 재적 3,000명이 넘는 대형교회로 급성장하였을 뿐만 아니라, 일본 전역에 30여 개의 교회를 새롭게 개척하게 되었습니다.

지금도 우리 주님은 우리를 위해 일하십니다. 기적과 이적을 베푸십니다. 주님께 모든 것을 맡기면 주님께서 다 책임져 주십니다. 나그네 길을 걷는 것이 우리 인생이지만, 주님은 우리와 동행하시며 놀라운 기적을 베풀어 주길 원하시는 분입니다.

감리교의 창시자인 존 웨슬리는 생을 마감하기 전에 아래와 같이 세 마디의 짧은 말을 남겼다고 합니다.

"첫째, 세계는 나의 교구다. 둘째, 하나님은 일꾼을 땅에 묻으시나, 그 후에도 당신의 일을 계속 하신다. 셋째, 세상에서 가장 좋은 것은 하나님이 우리와 함께 계신다는 사실이다."

그리스도인에게 고난은 있어도 절망은 없는 법입니다. 절망이 때로는 우리 눈에 출구도 없는 동굴처럼 보일 수 있지만, 임마누엘의 눈으로 그 절망을 보면 잠시 머무는 터널에 불과한 것입니다. 그리스도인의 가장 큰 자산은 하나님이 우리와 동행해 주신다는 사실입니다. 절망 속에서도 하나님 안에서 꿈을 잃어버려서는 안 됩니다. 우리 인생의 푯대를 예수 그리스도로 정하고 주님과 함께한다면 우리의 인생은 임마누엘의 하나님이 책임져 주시는 삶을 경험하게 될 것입니다.

Chapter 10
# 절망 중에 찾아오시는 예수님

아버지와 형을 속여서 축복을 받은 야곱은 형의 위협을 피해 외삼촌의 집으로 도망가야만 했습니다. 외삼촌의 집에 도착하기까지 야곱은 외롭고 위험한 광야를 지나가야 했습니다. 그런데 광야에서 잠이 든 야곱의 꿈에 하나님이 찾아오셨습니다. 하나님은 절망에 빠진 야곱에게 소망의 약속을 주셨습니다. 광야와 같은 인생길을 혼자 버티다가 쓰러지지 말고 절망 중에 찾아오시는 하나님과 소망의 동행을 하시기 바랍니다.

### 묵상
살아오면서 광야와 같은 막막한 상황에 처해보신 적이 있습니까? 그때 광야에서 체험한 하나님의 은혜를 묵상해봅시다.

### 적용
하나님과 동행하기 위해 하루 한 시간을 구분하여 기도하고 말씀을 묵상하십시오.

마지막 순간에 우리가 기뻐하고 자랑할 수 있는 것은 오직 예수님 한 분뿐입니다. 예수님과 동행한 삶이야말로 우리의 자랑이 될 것이며, 주님의 복음을 위해 살아온 시간이야말로 우리의 기쁨이 될 것입니다.

# Part 4
# 기쁨을 완성하라

**Chapter 11** 고통과 절망을 이기는 힘
**Chapter 12** 기쁨의 통로 그리스도인
**Chapter 13** 잘하였도다 착하고 충성된 종아

# Chapter 11

# 고통과 절망을 이기는 힘

우리가 살다 보면 늘 좋은 날씨만 있는 것은 아닙니다. 때때로 폭우가 쏟아지고, 천둥번개가 치는 궂은 날씨도 있기 마련입니다. 우리의 삶도 이와 같습니다. 기쁘고 행복한 날들이 있는가 하면 갑자기 환난이 닥쳐와 깊은 절망에 처하기도 합니다. 그러나 우리는 그러한 절망의 순간에 주저앉기보다는 오직 주님을 바라보며 절대 긍정의 신앙으로 나아가야 합니다. 우리가 믿는 하나님은 모든 것을 합력하여 선을 이루시는 좋으신 하나님이시기 때문입니다.

기독교 신앙은 십자가 중심의 절대 긍정의 신앙입니다. 원래 십자가는 죄수에게 주어진 형틀이었습니다. 그러나 예수님께서 우리가 올라야 할 그 형틀 위에 대신 올라 우리의 모든 죄와 질병, 가난과 저주를 다 짊어지고 돌아가셨습니다. 이로써 우리는 모든 죄와 절망, 저주와 질병에서 해방되고, 사탄의 노예 신분에서 벗어나 하나님의 사랑받는 자녀가 되었습니다. 그리스도 안에는 결코 절망이 없습니다. 기독교는 죽음마저 이기는 신앙이기 때문에 절대 긍정의 신앙이라고 말하는 것입니다. 지금 어떠한 절망 가운데 있습니까? "하나님을 사랑하는 자 곧 그의 뜻대로 부르심을 입은 자들에게는 모든 것이 합력하여 선을 이루느니라"롬 8:28는 말씀을 붙잡고 절대 긍정의 신앙으로 전진하며 나아가야 합니다. 우리가 예수님의 십자가를 붙들고 절대 긍정의 신앙으로 나아갈 때 영혼이 잘되고 범사가 잘되며 강건하고 형통하게 되는 것입니다요삼 1:2.

## 하나님을 사랑하라

우리의 믿음이 합력하여 선을 이루기 위해서는 조건이 있습니다. 그것은 하나님을 바로 사랑하는 것입니다. 누군가를 사랑하면 무한대의 신뢰가 생깁니다. 이처럼 하나님을 사랑하고 전적으로 의지하며 나아갈 때에 하나님께서 모든 것이 합력하여 선을 이루게 만들어주시고, 날마다 풍성한 은혜로 넘치게 채워주시는 것입니다. 그리스도인의 신앙의 근거이자 신앙의 출발점은 바로 하나님의 사랑 안에 거하는 것입니다.

> 하나님의 사랑이 우리에게 이렇게 나타난 바 되었으니 하나님이 자기의 독생자를 세상에 보내심은 그로 말미암아 우리를 살리려 하심이라 사랑은 여기 있으니 우리가 하나님을 사랑한 것이 아니요 하나님이 우리를 사랑하사 우리 죄를 속하기 위하여 화목 제물로 그 아들을 보내셨음이라 요한1서 4:9-10

우리가 하나님을 사랑한 것이 아니라 하나님께서 먼저 우리를 사랑하셨습니다. 죄와 절망 가운데 살고 있는 우리를 구원해주시기 위해 사랑하는 독생자 예수 그리스도를 이 땅에 보내주신 것입니다. 우리는 그 놀라운 은혜로 말미암아 구원을 얻었습니다.

> 우리가 사랑함은 그가 먼저 우리를 사랑하셨음이라 요한1서 4:19

우리가 하나님을 사랑한다는 것은 하나님의 은혜에 대한 당연한 반응입니다. 하나님께서 보여주신 사랑, 예수님께서 보여주신 사랑을 조금이라도 이해한다면 우리는 주님을 사랑하지 않을 수 없습니다. 우리에게 어떤 자격이나 공로가 있어서 하나님의 사랑을 받은 것으로 생각한다면 큰 오산입니다. 하나님께서는 아무런 조건 없이 우리를 먼저 사랑하셨습니다. 그 사랑 때문에 우리가 이렇게 살아가는 것입니다. 그러므로 사람을 변화시키고 세상을 변화시키는 궁극적인 능력은 사랑의 힘에서 나온다고 할 수 있습니다. 사랑은 능력이며, 권능입니다. 그래서 우리가 그리스도의 사랑 안에 거하면 어떤 절망이나 어려움도 이길 수 있게 됩니다.

우리나라에도 신문을 통해 보도되었지만 『워싱턴포스트』에 실린 댄 버신스키 중위와 레베카 태버의 순애보는 많은 사람에게 사랑의 위대함을 소개하고 있습니다. 두 사람은 댄 중위가 아프가니스탄으로 파병되기 2주 전부터 사귀기 시작하여 파병 후에도 서로 이메일로 소식을 주고받고 있었습니다. 그러던 중 레베카는 댄이 파병된 지 한 달이 지난 후에 교전 지역 땅속에 있던 지뢰를 밟아 두 다리를 모두 잃었다는 소식을 듣게 되었습니다. 댄이 두 다리를 잃고 평생 휠체어에 몸을 의지해야 하는 처지가 됐을 때 레베카가 댄의 곁을 지킬 것으로 생각한 사람은 아무도 없었습니다. 그러나 레베카는 댄이 자신보다 죽은 동료를 애도하고, "두 다리를 잃었지만 두 손은 있으니까 괜찮다."며, 오히려 긍정적인 태도를 보이는 것을 보고는 댄의 곁을 지키기로 결심했습니다. 세계적인 컨설팅 회사 매킨지의 재원이었던 레베카는 댄을 돌보기 위해 회사를 포기했고, 현재 댄과 함께 인생 계획을 세우며 행복한 꿈을 이루어가고 있습니다. 사랑의 힘이 고통과 절망을 이기게 한 것입니다.

상식적으로 생각할 때 이들의 사랑은 댄이 두 다리를 잃었을 때 끝난 것이나 다름없었습니다. 그러나 사랑이 만들어내는 능력이 환경을 초월하고 그들을 하나로 만든 것입니다.

> 우리가 아직 죄인 되었을 때에 그리스도께서 우리를 위하여 죽으심으로 하나님께서 우리에 대한 자기의 사랑을 확증하셨느니라 로마서 5:8

주님은 우리가 불의하고 추하고 허물투성이인 영적 불구자였음에도 십자가에 달려 돌아가심으로 우리를 향한 하나님의 사랑을 확증하셨습니다. 이 놀라운 사랑으로 우리가 구원받고 하나님의 자녀가 되었으니 이제는 우리도 그 놀라운 사랑에 감동하여 마음과 목숨과 뜻을 다해 하나님을 사랑해야 하는 것이 마땅합니다.

> 예수께서 이르시되 네 마음을 다하고 목숨을 다하고 뜻을 다하여 주 너의 하나님을 사랑하라 마태복음 22:37

그렇다면 어떤 방법으로 하나님을 사랑할 수 있을까요? 하나님을 사랑한다는 것은 하나님의 말씀을 듣고, 지켜 행하며, 그 말씀에 순종하는 것을 말합니다. 우리의 온 정신을 집중하여 하나님께서 말씀하시는 것이 무엇인지 듣는 것, 그리고 온 맘을 다해 말씀이 우리 삶에 흘러가도록 하는 것이 바로 하나님을 사랑하는 것입니다.

> 하나님을 사랑하는 것은 이것이니 우리가 그의 계명들을 지키는 것이라 그의 계명들은 무거운 것이 아니로다 요한1서 5:3

말씀이 지배하는 인생, 말씀이 통치하는 인생이 바로 그리스도인의 삶입니다. 우리가 말씀 안에 거하면 그때부터는 하나님께서 허락하시는 복락의 강물을 누릴 수 있게 됩니다시 36:8. 말씀이 우리 마음에 가득하고, 말씀이 우리 삶에 흘러갈 때 세상에서 맛볼 수 없는 참된 기쁨과 평안함이 넘쳐흐르게 되는 것입니다. 참된 자유와 참된 기쁨은 오직 진리 안에 있습니다. 그러므로 그리스도인은 세상의 말에 귀 기울이지 말고 말씀을 통해서 주시는 그분의 음성을 듣기 위해 엎드려 기도해야 합니다.

> 그의 귀를 내게 기울이셨으므로 내가 평생에 기도하리로다 시편 116:2

그리스도인의 본분은 기도하며 말씀에 귀 기울이고, 주님의 음성을 듣는 것입니다. 하나님께서는 말씀이 우리 안에 거하고, 우리가 말씀 안에 거하면, 무엇이든지 원하는 대로 구하는 것마다 응답해 주시겠다고 약속하셨습니다요 15:7. 그렇게 우리가 주님의 말씀 가운데 거하면, 그리고 온 맘으로 주님을 사랑하면 하나님께서는 우리의 기도에 응답해 주시고 모든 환난에서 건져 주십니다.

하나님이 이르시되 그가 나를 사랑한즉 내가 그를 건지리라 그가 내 이름을 안즉 내가 그를 높이리라 그가 내게 간구하리니 내가 그에게 응답하리라 그들이 환난 당할 때에 내가 그와 함께 하여 그를 건지고 영화롭게 하리라 내가 그를 장수하게 함으로 그를 만족하게 하며 나의 구원을 그에게 보이리라 시편 91:14-16

## 내가 너를 지명하여 불렀나니

하나님을 사랑하는 사람은 곧 하나님의 부르심을 입은 사람들입니다.

우리가 알거니와 하나님을 사랑하는 자 곧 그의 뜻대로 부르심을 입은 자들에게는 모든 것이 합력하여 선을 이루느니라 로마서 8:28

부르심을 입었다는 것은 그 부르심에 따라 살아야 한다는 것을 의미합니다. 또한 우리 스스로 세상에 나온 것이 아니라 철저하게 하나님의 계획이 우리를 택하여 불렀다는 것을 말합니다. 하나님의 절대주권이 우리를 구속하신 것이며, 지명하여 부르신 것입니다.

야곱아 너를 창조하신 여호와(야훼)께서 지금 말씀하시느니라 이스라엘아 너를 지으신 이가 말씀하시느니라 너는 두려워하지 말라 내가 너를 구속하였고 내가 너를 지명하여 불렀나니 너는 내 것이라 이사야 43:1

참으로 은혜가 아닐 수 없습니다. 전 세계 60억 인구 중에 특별하게 우리를 지명해서 부르시고 구원하신 것입니다. 우리가 직장이나 가정, 학교에서 누군가가 나 자신을 인정해주고 칭찬해줄 때 기쁨과 감격이 넘치게 됩니다. 그런데 온 만물을 지으신 창조주 하나님께서 우리를 지명하여 부르시고, 기뻐하시고, 사랑하시고, 인도하시면 세상 무엇과도 바꿀 수 없는 참된 기쁨과 감격을 누리게 될 것입니다. 그러므로 우리는 이 놀라운 구원에 감사하며 우리를 부르신 목적대로 살아가야 합니다.

하나님의 뜻대로 부르심을 입은 우리가 하나님의 뜻대로 살아가기 위해서는 늘 성경 말씀을 주야로 묵상하며, 성령님과 동행하는 삶을 살아야 합니다. 그러면 성령님께서 우리의 연약함을 도와주십니다. 우리가 마땅히 빌 바를 알지 못할 때에 성령님께서 우리를 위해 친히 간구해 주십니다.

> 이와 같이 성령도 우리의 연약함을 도우시나니 우리는 마땅히 기도할 바를 알지 못하나 오직 성령이 말할 수 없는 탄식으로 우리를 위하여 친히 간구하시느니라 마음을 살피시는 이가 성령의 생각을 아시나니 이는 성령이 하나님의 뜻대로 성도를 위하여 간구하심이니라 로마서 8:26-27

날마다 모든 일에 성령님을 인정하고 환영하고 모셔 들이고 의지해야 합니다. 그리할 때 모든 것이 합력하여 선을 이루는 절대 긍정의 삶을 살 수 있게 됩니다.

우리는 어느 곳에 있든지 각자 삶의 자리에서 주님을 섬겨야 합니다. 학생이면 학교에서, 회사원이면 직장에서, 사업가이면 사업장에서, 주부이면 가정에서 주님을 섬겨야 합니다. 아내의 자리, 남편의 자리, 자녀의 자리, 구역장의 자리, 집사의 자리, 권사의 자리, 안수 집사의 자리, 장로의 자리, 목사의 자리에서 하나님을 섬겨야 합니다. 우리의 삶의 자리에서 온 힘을 다할 때 주님께 영광을 돌리게 되는 것입니다.

> 그런즉 너희가 먹든지 마시든지 무엇을 하든지 다 하나님의 영광을 위하여 하라 고린도전서 10:31

이것이 우리를 부르신 하나님의 뜻입니다. 하나님의 영광대로 살기 위해서 우리를 부르신 것입니다. 우리는 우리가 어디서 무엇을 하든지 그 재능을 가지고 하나님께 영광을 돌려야 합니다. 좋은 목소리를 가지고 있는 사람은 아름다운 목소리로 주님을 찬양하고, 악기를 다루는 재능이 있는 사람은 악기 연주를 통해서 하나님을 찬양하고 영광을 돌려야 합니다. 그래야 하나님께서 기뻐하시고 영광을 받으시는 것입니다.

『나를 이끄시는 하나님의 손』이라는 책을 쓴 박관태 선교사는 고려대학교병원의 외과 의사이자 사역자로 왕성한 활동을 펼치고 있습니다. 박관태 선교사는 고등학교 3학년 시절 예수님을 영접하고 의과대학에 진학하게 되었습니다. 대학 생활 중에 성령의 은혜를 체험하고 의료선교를 하기 위해 선교단체에서 6년 동안 훈련을 받는 등 헌신의 삶을 살았지만 의대 본과 과정을 밟으면서 점점 주님을 멀리하게 되었습니다. 그러던 중 의료선교를 함께하기로 했던 친구가 암에 걸렸는데 그 친구의 부탁으로 몽골 의료선교를 대신 가게 되었습니다. 몽골에서 의료선교를 마치고 한국으로 돌아오기 전날 밤하늘의 별들을 바라보는데 별들이 몽골 사람들의 얼굴로 변하면서 주님의 음성이 들려왔습니다.

"저들을 위해 누가 갈까? 나는 저들을 위해 너를 사용하고 싶다."

주님의 음성에 박관태 선교사는 눈물을 흘리며 자신의 삶을 평생토록 주님께 바칠 것을 다짐하게 되었습니다. 그런데 그가 한국에 돌아와 몽골어를 배우는데 암 투병 중이었던 친구가 주님의 부름을 받게 되었습니다. 그 친구는 죽어가면서 박관태 선교사에게 함께 몽골에 가지 못할 것 같아 미안하다며, 자신의 몫까지 대신해 달라는 유언을 남겼습니다.

그 후 박관태 선교사는 인턴과 레지던트 생활을 마치자마자 아내와 두 명의 자녀를 데리고 뒤도 돌아보지 않고 몽골로 갔습니다. 몽골에 들어간 지 2년 반 만에 외과 의사로서 복강경 수술 같은 어려운 수술을 비롯해 약 2,000여 건의 수술을 집도했습니다. 2,000여 건의 수술은 보통 외과 의사가 20년 동안 하는 횟수에 해당하는 어마어마한 수치입니다. 거의 손이 마비될 만큼 많은 수술을 한 것입니다.

박관태 선교사는 몽골에 들어간 지 9개월밖에 되지 않은 때부터 몽골어로 설교를 해야 했습니다. 몽골 원주민 사역을 하던 다른 선교사가 안식년으로 한국에 들어간다며 설교 사역을 박관태 선교사에게 맡긴 것입니다. 당시 박관태 선교사의 몽골어 실력은 간단한 단어 몇 개로 의사 전달만 하던 수준이었는데 원주민들에게 설교하게 된 것입니다. 너무나 도망가고 싶었지만 신기하게도 기도만 하면 "내 양을 치라"는 음성이 들렸습니다. 그래서 '피할 수 없으면 즐기라'는 말을 기억하며 한글로 설교문을 만들어 몽골어를 잘 아는 사람에게 번역을 시키고 교정까지 해서 며칠을 중얼중얼 거리면서 그 원고를 완전히 외워버렸습니다. 한국에서도 해보지 않은 설교를 몽골어로 하게 되었으니 얼마나 마음에 부담이 되었는지 자면서도 중얼중얼거리며 설교를 준비했다고 합니다. 그렇게 외워서 설교하고 있는데, 놀랍게도 성령의 은혜가 사람들에게 임하기 시작했습니다. 박관태 선교사의 안수기도를 받으면 사람들이 쓰러지기도 하고, 어떤 사람에게는 방언이 임하기도 하고, 또 어떤 사람에게는 치유의 은혜가 임하는 부흥을 경험하게 된 것입니다.

지금은 다시 하나님께서 한국으로 부르셔서 후방에서 선교 사역을 하고 있는 박관태 선교사는 이런 고백을 합니다.

> "선교는 거창한 것이 아니라 나에게 주어진 달란트를 값있고 뜻있게 사용하는 것입니다. 하나님이 나와 함께하시는 그곳이 바로 예배의 현장입니다. 나의 직업과 노력과 사역이 예배가 되어야 합니다. 우리 모든 삶의 영역이 예배로 드려질 때 하나님은 하나님의 차원으로 갚아 주십니다. 이것이 가장 간단한 인생의 성공 방정식입니다."

박관태 선교사처럼 우리도 하나님을 사랑하고, 하나님의 뜻대로 부르심을 받으면 궁극적으로 모든 것이 합력하여 선을 이루게 됩니다. 이것이 하나님께서 인생을 계산하실 때 사용하시는 방법입니다.

## 선을 이루시는 하나님의 섭리

우리가 하나님의 사랑 안에 거할 때 하나님께서는 우리를 축복하십니다. 그 축복은 바로 모든 것이 합력하여 선을 이루는 것입니다_롬 8:28_.

여기에서 참으로 감사한 것은 '모든 것'이 합력하여 선을 이룬다는 것입니다. 우리의 생각에는 고난과 환난, 괴로운 일은 선이 될 수 없을 것으로 생각하기 쉬운데, 하나님은 그런 것까지도 합력해서 선하고 아름답게 하신다는 것입니다.

사도 바울의 삶을 보면 더 잘 이해할 수 있습니다. 사도 바울의 삶이 인간적인 눈으로 보기에는 얼마나 고달프고 괴로운 인생이었습니까? 가만히 보면 사도 바울의 사역은 장기간 이루어진 사역이 없었습니다. 한마디로 한곳에 오래 머무를 수 없었습니다. 가는 곳마다 핍박과 환난이 그를 기다리고 있었기 때문에 사역을 시작해서 열매를 거두어 보람을 느끼기도 전에 쫓겨나는 것이 일상다반사였습니다. 메뚜기처럼 이곳저곳을 전전해야 했으며 그나마 오래 있었던 곳은 감옥이었습니다. 심지어 그는 가는 곳마다 언제 죽을지 모르는 위협 속에서 살아야 했습니다. 실제로 그는 유대인들이 던진 돌에 맞아 죽을 뻔하기도 했습니다. 이런 외적인 환난 외에도 하나님은 그의 육체에 가시를 심어 놓으시기까지 하셔서 그는 그것 때문에 오랫동안 고생을 해야 했습니다. 또한 그는 설교자로서 달변은 아니었던 것 같습니다. 그가 설교를 할 때 유두고라는 청년이 창틀에 앉아서 졸다가 떨어져 죽었는데, 하나님께서 다시 살려 주시는 일도 있었습니다.

이렇게 눈으로 보이는 것에만 비추어 봤을 때 사도 바울은 그리 주목할 만한 사역을 한 것이 아닌 것은 분명합니다. 오히려 사도 바울이 감옥에 있을 때 그의 경쟁자들이 더 크게 교회를 성장시켰던 것처럼 보입니다빌 1:18. 이렇게 사도 바울은 크게 사역을 하지도 않았고, 사역 말년에는 거의 감옥에 있었습니다. 사역을 꽃피우지도 못했는데, 감옥에 있다가 죽음을 당하게 된 것입니다. 어떻게 보면 사도 바울의 삶과 사역은 사탄에게 철저하게 짓밟힌 실패한 사역으로 보입니다. 오늘날의 시각으로 보기에 큰 교회를 목회한 것도 아니어서 그리 유명한 목회자가 아니었다고도 생각해 볼 수 있습니다.

그러나 하나님의 선한 손의 도우심은 그가 그렇게 아프고 힘들어했던 고난과 환난을 연단의 도구로 삼으셔서 욥의 고백처럼 그를 높여 순금같이 나오게 하셨습니다욥 23:10. 기독교 역사상 가장 위대한 하나님의 도구로 쓰임 받게 하셨습니다. 언변이 뛰어나지 못해서인지, 또 감옥에 많이 갇혀서인지 많은 기록을 남겼습니다. 그가 남긴 열세 권의 서신서는 신약성경의 중요한 뼈대가 되었습니다. 그야말로 하나님의 섭리 안에서 모든 것이 합력하여 선을 이루도록 하신 것입니다.

> 우리가 알거니와 하나님을 사랑하는 자 곧 그의 뜻대로 부르심을 입은 자들에게는 모든 것이 합력하여 선을 이루느니라 로마서 8:28

하나님은 참으로 좋으신 하나님이십니다. 지금 우리에게 이런 문제와 고통이 왜 찾아온 것인지 당장은 깨닫지 못할 수도 있지만 분명한 것은 하나님께서 이 모든 것을 선으로 바꾸신다는 것입니다.

꿈쟁이 요셉은 꿈 때문에 많은 환난을 겪은 사람입니다. 어린 나이에 형제들에 의해 노예로 팔려 갔으며, 노예로 살다가 억울한 누명으로 죄수의 몸이 되었습니다. 더는 내려갈 수도 없는 그야말로 밑바닥 인생을 살아야 했습니다. 그러나 하나님의 섭리는 지하 감옥을 애굽의 총리가 되는 지름길로 사용하셨습니다. 배신과 모함에 함몰된 것 같은 요셉의 삶 전부를 온 세상을 구원하시려는 하나님의 도구로 사용하셨습니다.

우리가 환난 가운데서도 기뻐할 수 있는 것은 우리 뒤에 보이지 않는 하나님의 선하신 도움의 손길이 있기 때문입니다. 그리스도인의 인생은 결코 절망이라는 마침표로 끝나지 않습니다. 그 어떤 절망의 벽도 한순간에 무너뜨리시며, 새 창조의 역사를 일으키시는 하나님께서 일하고 계시기 때문입니다.

우리가 때때로 고난당하거나 억울한 일을 당할 때, 모함을 당하고 참소를 당할 때, '이럴 수가 있나?' 하고 탄식이 나올 때가 있습니다. 또 '하나님이 살아계시면 왜 내게 이런 일이 있는 것이냐'고 소리쳐 보지만 침묵하시는 하나님 앞에 갈 바를 알지 못한 채 한숨만 쉴 때가 있습니다. 물론 모든 고난과 고통의 의미를 우리가 다 이해할 수는 없습니다. 사실 그것을 다 이해한다는 것은 불가능합니다. 그러나 분명히 우리가 알 수 있는 것은 그 때에도 하나님께서 일하고 계신다는 것입니다. 하나님의 섭리의 시간표가 채워지면 합력해서 선을 이루게 된다는 것입니다. 왜냐하면 아브라함의 하나님, 이삭의 하나님, 야곱의 하나님이 우리 하나님이신 것처럼 요셉의 하나님도 우리의 하나님이 되시기 때문입니다.

몇 년 전 『아름다운 동행』 신문 기사에 열일곱 가지 중복장애를 가진 김다니엘의 이야기가 실린 적이 있었습니다. 다니엘이 앓고 있는 크로즌씨 증후군은 두개골이 성장하지 않는 희귀병입니다. 당시 기사에 게재된 아이의 눈 옆에 못 같은 철심이 박혀있는 사진을 보면서 너무나 안타까웠습니다. 신체의 모든 부분이 다 자라고 성장하는데 두개골만 성장하지 않기 때문에 안구 돌출뿐만 아니라 호흡장애, 뇌압항진증 등으로 살아갈 가망이 없었습니다. 태어날 때부터 병원 신세를 졌는데, 발견된 희귀 질환이 열일곱 가지나 되었습니다. 그러한 탓에 병원에서는 이 아이가 과연 며칠을 살지 아무도 장담할 수 없었다고 했습니다. 또 산다고 해도 보지도 못하고, 듣지도 못하고, 걷지도 못한다는 것이 의학적인 소견이 있었습니다. 그런데 놀랍게도 다니엘은 현재 열여섯 살이 되었다고 합니다. 심지어는 듣고 말하는 데 무리가 없다고 합니다. 이 일은 그저 기적이라고밖에 할 수 없는 일입니다. 다니엘은 앞으로 어른이 되면 의사가 되어 많은 사람의 아픔과 질병을 고쳐 주고 싶다고 합니다.

지금까지 이 아이가 받은 수술이 큰 수술만 스무 번이나 된다고 합니다. 또래 친구들이 외모만 보고 개구리 왕자라고 놀려도 그걸 아무렇지도 않게 생각할 뿐 아니라 주님 안에서 참된 기쁨을 놓치지 않는다고 합니다. 다니엘은 뇌수두증도 있어서 뇌 속에서 물이 자꾸 흐르기 때문에 뇌 속에 튜브를 넣어 물을 빼기 위해 튜브를 차고 다닙니다. 그리고 여섯 살이 되기 전까지는 입으로 음식을 섭취할 수 없어서 코에 튜브를 연결해 영양분을 섭취해야 하는 불편을 감수해야 했습니다. 또 여덟 살이 돼서야 처음으로 혼자 힘으로 걸을 수 있었습니다. 이렇게 태어나면서부터 지금까지 평생 불편한 삶을 살고 있는 다니엘은 늘 행복하다고 말합니다. 참으로 위대한 고백이 아닐 수 없습니다. 우리는 한 가지 장애만 있어도 불평하고 감사할 수 없는데, 열일곱 가지 장애를 가지고 있는 아이가 "나는 행복합니다. 나는 감사합니다. 하나님이 나를 사랑하십니다."라는 고백을 합니다.

예수 그리스도 안에서 우연이란 없습니다. 예고 없이 다가오는 고난과 많은 어려움은 다 하나님께서 축복을 부어 주시기 위한 연단의 과정입니다. 때때로 고통과 괴로움과 좌절과 절망이 다가올지라도 하나님께서는 이것조차 선으로 만드시는 분이심을 믿어야 합니다. 우리의 하나님은 전화위복의 하나님, 역전의 하나님, 모든 것을 합하여 선을 이루시는 하나님이십니다.

어떤 경우에라도 절대 긍정의 믿음을 잃지 말아야 합니다. 고난 속에는 하나님의 뜻이 있고, 하나님의 계시가 있고, 말씀이 있고, 긍휼이 있고, 구원이 있음을 알아야 합니다. 우리가 당한 모든 고난은 궁극적으로 하나님의 축복으로, 영광으로 바뀌게 됩니다. 하나님 안에서 기뻐하고 즐거워하면 하나님은 우리에게 아름다운 것, 복된 것으로 거두게 하십니다.

> 우리가 잠시 받는 환난의 경한 것이 지극히 크고 영원한 영광의 중한 것을 우리에게 이루게 함이니 고린도후서 4:17

## Chapter 11
# 고통과 절망을 이기는 힘

우리 모두는 크고 작은 고통과 절망을 겪으며 살아갑니다. 그러나 하나님께서 우리와 함께하시기에 지금 당장은 어려움이 있을지라도 우리의 삶은 반드시 합력하여 선을 이룰 것입니다. 요셉, 사도 바울, 그리고 많은 신앙의 위인들이 고통과 절망을 뛰어넘어 합력하여 선을 이루어주시는 하나님의 은혜를 경험했습니다. 우리 또한 좋으신 하나님을 믿고 의지하여 희망의 내일을 바라봐야 하겠습니다.

### 묵상
고통과 절망을 신앙으로 극복한 성경 속 인물들을 떠올려봅시다.

### 적용
고통과 절망에 처해 삶의 의욕을 잃고 주저앉고 싶을지라도 하나님과의 관계만큼은 실패하지 않기로 다짐해봅시다.

**Chapter 12**

# 기쁨의 통로
# 그리스도인

그리스도인의 삶은 섬김의 삶이 되어야 합니다. 이 섬김의 절정이 바로 희생입니다. 최근 젊은 층을 중심으로 섬김의 리더십servant leadership을 선호하는 사람이 많아졌습니다. 이제는 권위주의적이고, 자기중심적이며, 자기만을 섬기라고 하는 지도자는 참지도자라고 할 수 없다는 것입니다. 그런 의미에서 예수님은 한평생 섬김과 희생의 본을 보이신 섬김의 리더십의 모델이라고 할 수 있습니다. 반면에 그리스도를 따른다고 나선 우리의 모습은 입술로는 희생과 헌신을 말하지만 실제로는 희생의 삶에 소극적인 것이 사실입니다.

남을 위해 나를 희생한다는 것은 말처럼 쉬운 일이 아닙니다. 이것은 주님을 이 세상 그 무엇보다 더 뜨겁게 사랑할 때에만 가능한 일이기 때문입니다. 참사랑의 경험이 있습니까? 사랑의 감격에 사로잡혀 설레는 가슴으로 잠 못 이룬 경험이 있습니까? 생각만 해도 좋고, 아무것도 먹지 않았는데 사랑 때문에 전혀 배고프지 않은 경험이 있습니까? 사랑하는 사람을 위해서라면 무엇을 주어도 아깝지 않은 경험이 있습니까? 우리는 이와 같이 예수님을 사랑해야 합니다.

유아적인 사랑은 받는 것만 좋아합니다. 그러나 참사랑, 성숙한 사랑은 희생의 정신을 바탕으로 아낌없이, 조건 없이, 무제한으로 주는 것입니다. 예수 그리스도는 참사랑으로 오셔서 우리를 위해 십자가에서 자신을 희생하심으로 그 사랑을 완성하셨습니다.

예수님의 희생과 참사랑을 보여주는 내용이 사무엘상 6장에 나옵니다. 엘리 제사장 시대인 이때 이스라엘과 블레셋 사이에 전쟁이 일어났습니다. 이스라엘이 하나님을 전적으로 의지하지 않고 사람들이 방탕한 삶을 살게 되자 블레셋이 쳐들어온 것입니다. 이스라엘은 점차 전쟁에서 불리해졌고 블레셋에게 거의 패하기 일보 직전이었습니다. 이때 이스라엘이 생명처럼 귀하게 여기는 하나님의 법궤를 가져왔습니다. 그 안에는 모세의 십계명 돌판이 들어 있었는데, 하나님이 임재하시는 법궤를 가져오면 승리하리라는 생각으로 전쟁터에 가져온 것이었습니다.

그러나 하나님께서는 이스라엘이 전적으로 하나님만 의지한 것이 아니라는 사실을 알고 계셨습니다. 이스라엘은 보이지 않지만 함께하시는 하나님을 의지한 것이 아니라 눈에 보이는 법궤라는 상자를 의지했습니다. 결국 하나님께서는 이스라엘을 블레셋에게 크게 패하게 하셨고 법궤마저 빼앗기게 두셨습니다.

그런데 법궤를 빼앗아 간 블레셋에 큰 재앙이 닥쳤습니다. 그들이 아스돗에 있는 자신들의 신 다곤 신전에 법궤를 두었더니 다곤 신상의 머리와 두 손목이 끊어지고 엎드러졌습니다. 그리고 그 지역에는 독종이 퍼졌습니다. 아스돗에서 가드, 가드에서 에그론으로 옮겨 갔으나 가는 곳마다 블레셋의 온 지역에 독종이 퍼지게 되었습니다. 결국 그들은 법궤를 돌려보내기로 했습니다. 그런데 법궤를 돌려보내기 전, 블레셋 사람들은 과연 이 재앙이 하나님께로부터 온 것인가를 시험해 보기로 했습니다. 새 수레를 가져다가 법궤를 싣고, 이제 막 송아지를 해산하여 젖 나는 소 두 마리, 그것도 우는 송아지를 떼어 놓은 어미 소 두 마리를 데려다가 벧세메스로 가도록 했습니다. 고삐도 없이 그냥 가도록 한 것입니다. 신기하게도 두 어미 소는 눈물을 뚝뚝 흘리면서도 뒤돌아서지 않고 법궤가 든 수레를 끌고 곧장 벧세메스로 갔습니다. 블레셋 사람들은 하나님의 권능을 인정하지 않을 수 없었습니다.

## 희생은 자신을 바라보지 않는다

암소가 벧세메스 길로 바로 행하여 대로로 가며 갈 때에 울고 좌우로 치우치지 아니하였고 블레셋 방백들은 벧세메스 경계선까지 따라 가니라 사무엘상 6:12

젖먹이 어린 송아지를 떼어 놓은 어미 소들은 똑바로 벧세메스를 향하여 나아갔습니다. 어린 송아지들의 울음소리를 뒤로 하였으나 조금도 망설이지 않고 좌로나 우로나 치우침 없이 곧바로 벧세메스로 나아갔습니다. 히브리어인 벳세메스라는 말은 '집'을 뜻하는 '베이트'와 '태양'을 뜻하는 '메스'가 합쳐진 말로, '태양의 집'이란 뜻입니다. 이는 우리 삶의 의의 빛 되신 예수 그리스도를 의미합니다. 이처럼 우리도 절망적 환경을 바라보는 것이 아니라 모든 것을 주님께만 맡기고 예수님만 바라보고 나아가는 일생이 되어야 합니다.

> 믿음의 주요 또 온전하게 하시는 이인 예수를 바라보자 그는 그 앞에 있는 기쁨을 위하여 십자가를 참으사 부끄러움을 개의치 아니하시더니 하나님 보좌 우편에 앉으셨느니라 히브리서 12:2

한평생 주님만을 바라보고, 의지하며 살다가 장차 주님 계신 천국에 들어가는 우리 모두가 되어야 합니다. 우리의 발걸음은 믿음, 소망, 사랑의 발걸음이 되어야 합니다. 이 땅에 사는 동안 힘써 복음을 입증하는 삶을 살아야 합니다. 주님을 위해 헌신하고 희생하는 삶을 살아야 합니다.

국립소록도병원에서 의료부장으로 섬기고 있는 오동찬 성도가 있습니다. 그는 치과대학을 졸업하고 수련 과정을 마친 뒤 나병 환자들을 돌보기 위해 소록도 공중보건의로 갔습니다. 소록도의 어려운 환경 속에서도 늘 웃음을 잃지 않으며, 나병 환자들을 위해 진료와 수술은 물론 집 청소와 각종 허드렛일을 하며 정성껏 섬기고 있습니다. 그는 이렇게 고백합니다.

"처음 소록도에 들어와 하나님께 정말 감사했습니다. 저에게는 손도 있고 발도 있다는 것이 감사했습니다. 그러나 무엇보다도 제가 나병 환자들에게 조금이라도 힘이 될 수 있다는 것에 대해서 하나님께 너무나 감사했습니다."

그는 오늘도 이 고백처럼 환자들을 사랑하는 마음으로 그들의 친구가 되어주고 있습니다.

우리는 약한 손을 강하게 하여 절망에 처한 자들에게 희망을 전하는 자가 되어야 합니다. 우리를 향해 도와달라고 손짓하고 있는 수많은 사람을 바라보아야 합니다. 우리 주위에 산적한 문제, 굶주림 가운데 고통당하는 북한 동포, 장애인, 버림받은 아이들처럼 힘이 없고 연약한 자들을 붙들어 일으켜 세워야 합니다. 희생은 자기 자신을 바라보기보다는 이웃들에게 복음의 징검다리가 되어주는 것입니다.

## 헌신과 희생

> 그러므로 새 수레를 하나 만들고 멍에를 메어 보지 아니한 젖 나는 소 두 마리를 끌어다가 소에 수레를 메우고 그 송아지들은 떼어 집으로 돌려보내고 사무엘상 6:7

> 그 사람들이 그같이 하여 젖 나는 소 둘을 끌어다가 수레를 메우고 송아지들은 집에 가두고 여호와(야훼)의 궤와 및 금 쥐와 그들의 독종의 형상을 담은 상자를 수레 위에 실으니 사무엘상 6:10-11

암소 두 마리가 하나님의 영광을 위해 희생되었습니다. 우리의 삶도 주님을 위해 드려지는 삶이 되어야 합니다. 우리의 삶을 주님 앞에 희생해야 합니다. 주님을 위해 십자가를 져야 합니다. 이것이야말로 주님이 기뻐하시는 참된 삶을 사는 것입니다.

> 무리와 제자들을 불러 이르시되 누구든지 나를 따라오려거든 자기를 부인하고 자기 십자가를 지고 나를 따를 것이니라 마가복음 8:34

십자가를 진다는 것은 어려움을 각오하는 일입니다. 십자가를 지는 데 있어서 설령 어려움이 있어도 그것을 감당하는 것이 십자가를 지는 태도입니다. 벧세메스로 가는 소 역시 여러 가지 어려움이 있었습니다. 이것을 우리에게도 대입해볼 수 있습니다.

첫째, 한 번도 멍에를 맨 경험이 없다는 점입니다. 우리도 예수 그리스도를 따르기 전에는 한 번도 십자가를 메어본 경험이 없습니다.

둘째, 갓 태어난 송아지가 뒤에서 계속 어미 소를 찾으며 우는 것입니다. 우리가 예수님을 믿고 난 후에도 여전히 세상의 욕심들이 우리의 발목을 붙잡을 때가 있습니다. 그리고 고통 가운데 하나님을 찾아 헤맵니다.

셋째, 고삐 없이 가는 것입니다. 우리도 보이지 않지만 보이는 것과 같은 믿음을 가지고 스스로 순종해서 하나님을 기쁘시게 해야 합니다. 신앙은 억지가 아니라 순종에서 오는 것입니다.

넷째, 뒤에 법궤가 있다는 것입니다. 우리가 지고 갈 십자가, 우리가 감당해야 할 사명, 하나님의 명령, 하나님의 말씀이 우리에게 있음을 기억해야 합니다. 말씀에 순종하기 위해 날마다 자신을 쳐서 말씀에 복종시켜야 합니다.

> 내가 그리스도와 함께 십자가에 못 박혔나니 그런즉 이제는 내가 사는 것이 아니요 오직 내 안에 그리스도께서 사시는 것이라 이제 내가 육체 가운데 사는 것은 나를 사랑하사 나를 위하여 자기 자신을 버리신 하나님의 아들을 믿는 믿음 안에서 사는 것이라 갈라디아서 2:20

두 마리의 암소는 자기들이 가는 길이 죽음의 길임을 알고도 묵묵히 순종하며 갔습니다. 예수님께서도 십자가의 길이 죽음의 길임을 알고도 묵묵히 하나님 뜻에 순종하며 십자가를 지셨습니다. 이와 같은 희생, 자기 포기로 인류 구원의 역사가 이루어진 것입니다.

예수님은 구원의 역사를 이루기 위한 첫 발걸음을 광야로 옮기셨습니다. 그리고는 자기를 포기하는 영적 투쟁에서 승리하셨습니다.

사도들과 성자라고 불리는 모든 사람도 예수님처럼 자기를 포기하는 길을 걸었습니다. 4세기 무렵, 수도사의 아버지라 불리는 성 안토니St. Anthony는 자기를 포기하고 하나님께 전적으로 귀의하기 위해 당시 자신의 부유했던 재산을 이웃에게 모두 나누어 주고 일부러 무덤과 사막에서 생활했습니다. 그리고 죽을 때까지 영적 투쟁을 하며 주님께 자신을 내어 드리는 삶을 살았습니다.

시대마다 개인마다 투쟁의 방법이 다양합니다. 하지만 자기를 부인하는 과정은 반드시 필요합니다. 하나님께 나아가는 다른 길은 없기 때문입니다. 십자가의 성 요한St. John of the Cross은 자기 포기에 대해 하나님의 빛과 사랑이 고통과 아픔의 원인이 된다고 했습니다. 즉, 완전한 빛 되신 하나님께 나아가기 위해서는 빛 때문에 장님이 되고 사랑의 아픔을 당하는 것이 당연하다는 것입니다. 이렇듯 자기 부인과 희생은 십자가를 따르는 이들에게 요구되는 것이 분명합니다. 자기를 포기하는 데는 고통이 따릅니다. 그러나 그 고통은 변화의 고통이며 행복을 획득하는 고통입니다.

자기를 포기하고 주님이 가셨던 복음의 길을 가는 자만이 행복을 얻을 수 있습니다. 신앙생활이 오래되면 오래될수록 과거의 은혜에서 벗어나 타성에 젖고 옛 사고와 삶의 방식으로 되돌아갑니다. 그러나 자기를 포기하는 영적 여정은 계속되어야 합니다. 그리할 때 비로소 우리는 진정 하나님 안에서 행복하고 참된 기쁨을 누릴 수 있게 됩니다.

수레가 벧세메스 사람 여호수아의 밭 큰 돌 있는 곳에 이르러 선지라 무리가 수레의 나무를 패고 그 암소들을 번제물로 여호와(야훼)께 드리고 사무엘상 6:14

벧세메스에 도착한 암소는 곧바로 하나님께 번제로 드려졌습니다. 우리 생각에는 이 두 암소가 그렇게도 자신들이 염원하며 기다렸던 하나님의 법궤를 끌고 이스라엘 땅에 돌아왔으므로 그간의 노고와 수고를 치하해서 맛있는 여물을 주던가 아니면 목이 말랐으니 시원한 물이라도 주어야 옳을 텐데, 그런 것은 고사하고 벧세메스 사람들은 법궤를 내려놓은 후에 끌고 온 수레의 나무를 패서 땔감을 삼고, 곧이어 두 암소를 잡아 희생 제물로 하나님께 번제를 드렸습니다. 어떻게 보면 벧세메스 사람들이 몰인정한 사람들로 보일지 모릅니다. 하지만 이들은 두 암소가 하나님께 구별된 거룩한 암소임을 깨달았기 때문에 하나님의 제단 위에서 희생 제물로 값지게 드린 것입니다. 암소의 죽음은 하나님의 뜻에 순종하여 십자가에서 돌아가신 예수 그리스도의 십자가 죽음을 상징하는 그림자입니다.

  이것이 그리스도인들이 갖추야 할 최후의 모습입니다. 성령으로 거듭난 하나님의 성도들은 벧세메스의 암소처럼 이미 하나님께 거룩히 구별된 자들입니다. 더는 세속의 삶에 빠져들어서는 안 됩니다. 하나님의 제단 위에 자신을 온전히 불사르는 헌신의 삶을 살아야 합니다. 오로지 하나님의 뜻을 좇아 하나님의 영광을 위해 사는 영적 번제의 삶을 살아야 합니다. 자신의 옛 자아와 정욕을 죽이고, 하나님의 뜻을 좇아 거룩히 구별된 삶을 살아야 합니다. 살든지 죽든지 자신의 몸에서 그리스도가 존귀하게 되도록 힘쓰는 자들이 되어야 합니다 빌 1:20.

> 그러므로 형제들아 내가 하나님의 모든 자비하심으로 너희를 권하노니 너희 몸을 하나님이 기뻐하시는 거룩한 산 제물로 드리라 이는 너희가 드릴 영적 예배니라 로마서 12:1

기독교는 희생을 통해 새싹을 피워 갑니다. 우리가 이 암소들과 같이 철저하게 순종하며 기쁨으로 자신을 드리는 삶을 살 때에 우리 가운데 진정한 성령님의 역사와 주님의 영광이 드러날 것입니다. 이제 우리는 방황하지 말고 하나님의 나라와 그의 영광을 위해 세상의 모든 것을 아낌없이 버리는 믿음의 삶, 하나님의 뜻 앞에 자신의 뜻을 죽이는 순종의 삶을 살아야 할 것입니다.

Chapter 12

# 기쁨의 통로 그리스도인

예수님은 완전한 하나님이자 동시에 완전한 인간으로 이 땅에 오셨습니다. 그리고 인간으로서 가장 이상적인 삶을 우리에게 모범으로 보이셨습니다. 예수님께서 보이신 이상적인 삶이란 '하나님께 자신을 온전히 내어드리는 삶', '철저히 자신을 부인하는 삶', '이웃을 위해 자신을 희생하는 삶'이었습니다. 우리 모두는 이러한 예수님의 삶을 닮아야 합니다. 우리가 예수님의 삶의 발자취를 따라갈 때 세상을 향한 기쁨의 통로가 될 수 있을 것입니다.

### 묵상
사랑하시되 끝까지 사랑하시고, 목숨을 버리면서까지 순종하신 예수님의 삶에 대해 깊이 묵상해봅시다.

### 적용
지금까지의 순종의 삶을 뛰어넘는 더 깊은 순종의 삶을 살기 위해 힘씁시다.

Chapter 13

# 잘하였도다
# 착하고 충성된 종아

예로부터 지금까지 한 사람이 죽음을 앞두고 마지막으로 남기는 말인 유언遺言은 매우 중요하게 여겨집니다. 왜냐하면 사람들은 자신의 인생을 통틀어 꼭 남기고 싶고 가장 소중한 말을 건네며 세상을 떠나기 때문입니다. 사도 바울은 네로 황제 시절에 참수형을 당했다고 전해집니다. 특별히 디모데후서는 사도 바울이 순교당하기 전에 마지막으로 남긴 유언장과도 같은 서신입니다. 사도 바울은 순교당하기 전 그의 사랑하는 제자이며, 영적인 아들 디모데에게 편지를 보냈습니다. 이 편지에는 사랑하는 제자 디모데를 향한 바울의 마음과 그를 위한 진심어린 조언이 담겨있습니다.

## 순교자의 영성

사도 바울은 이미 영적으로 본인은 머지 않아 순교할 것을 알고 있었습니다.

전제와 같이 내가 벌써 부어지고 나의 떠날 시각이 가까웠도다 디모데후서 4:6

'전제'란 구약의 제사 가운데 하나로, 희생 제물을 드리고 맨 마지막에 포도주를 붓는 의식을 말합니다. '이 제물이 온전히 주님 앞에 드려집니다'라는 것을 상징하는 의미로 포도주를 붓는 것입니다.

사도 바울이 '전제와 같이 내가 부어진다'고 하는 표현을 쓴 것은 '내가 하나님의 영광을 위해서 나의 순교의 피를 쏟아붓겠다'고 하는 의미심장한 고백입니다. 사도 바울은 다메섹에서 주님을 만나고 이방인의 사도로 부름 받은 후부터 복음을 위해서만 살았습니다. 그는 자신의 사역을 이방인이라는 제물을 하나님께 바치는 제사장으로 이해했습니다. 먼저 이방인들에게 구원의 복음을 전하고, 그 후에는 그들이 복음에 합당한 삶을 살아 하나님이 기쁘시게 받으실만한 제물이 되도록 만들어 바치는 사역으로 이해했던 것입니다. 그런 다음 자신 역시 하나님 앞에 온전히 드려지는 제물이 되겠다는 각오를 표현하기 위해 자신의 모든 것을 쏟아붓는 '전제'를 사용하고 있는 것입니다. 그러니까 사도 바울은 자신의 모든 것, 마지막 피 한 방울, 마지막 땀 한 방울까지 곧 자신의 생명까지도 온전한 순교의 피로 쏟을 준비가 되어있다는 것을 말하고 있습니다.

"우리가 죽음을 준비할 때 가장 좋은 태도는 어린아이처럼 되는 것이다."
−헨리 나우웬

어린아이가 부모에게 모든 것을 맡기고 살듯이 죽음 앞에서도 우리는 하나님께 모든 것을 다 맡겨야 합니다.

언젠가 사형수에 관한 이야기를 들은 적이 있습니다. 일반적으로 사형수에게는 사형 날짜를 미리 통보해 주지 않는다고 합니다. 사형을 집행하는 날이 결정되면 사형수에게 별다른 통보의 절차 없이 형을 집행한다는 것입니다. 그러니까 사형수는 자신이 언제 어느 날 사형을 당할지 한 시간 전까지도 알지 못합니다. 당일 날 아침에도 알지 못하다가 아침에 일어나서 밥을 먹으러 가는 길에서 오른쪽으로 가면 식당으로, 왼쪽으로 가면 사형장으로 가도록하는 것입니다. 매일 똑같은 쪽으로 가다가 방향을 바꿔서 반대쪽으로 가면 그제야 본능적으로 자기가 사형장으로 가는 것을 알고 그때부터 사형장에 도착할 때까지 입에 거품을 물고 몸부림치며 끌려가지 않겠다고 소리를 지르고 난동을 부린다고 합니다. 죽음의 공포가 몰려오기 때문입니다.

그러나 그리스도인들은 죽음을 두려워하지 않습니다. 죽음은 끝이 아니라 새로운 시작이기 때문에 죽음을 당당하게 맞이할 수가 있는 것입니다. 마치 나비가 고치를 벗어 버려야 하늘을 나는 나비가 되는 것처럼, 우리는 육신의 껍질을 벗어 버리고 저 영원한 천국에 가서 영원토록 주님의 영광 가운데 기쁨을 누리며 살아가게 될 것을 소망해야 합니다. 사도 바울도 죽음에 대해 이렇게 담대히 외쳤습니다.

사망아 너의 승리가 어디 있느냐 사망아 네가 쏘는 것이 어디 있느냐

고린도전서 15:55

사도 바울은 죽음을 두려워하지 않았습니다. 순교하는 순간까지 자기의 모든 것을 다 주님 앞에 바쳐 피를 쏟는 열정으로 주님을 섬겼습니다.

> 내가 달려갈 길과 주 예수께 받은 사명 곧 하나님의 은혜의 복음을 증언하는
> 일을 마치려 함에는 나의 생명조차 조금도 귀한 것으로 여기지 아니하노라
> 사도행전 20:24

원래 사도 바울은 그리스도인들을 핍박하는 사람이었습니다. 스데반 집사가 돌에 맞아 죽을 때, 증인 자격으로 스데반을 죽이는 데 앞장섰던 사람이었습니다. 그뿐만 아니라 다메섹에 있는 그리스도인들을 붙잡는 데 혈안이 되어 있었습니다. 그러던 그가 다메섹에 가던 중에 부활하신 예수님을 만나게 됩니다. 그날 이후 사도 바울의 삶은 180도 바뀌었습니다. 자기를 죽이려는 수많은 위협에도 굴하지 않고, 숱한 환난 가운데서도 흔들리지 않고, 견고하게 믿음을 지킨 영적 거인으로의 삶을 살게 된 것입니다.

일제강점기에 순교한 주기철 목사는 1944년 4월 20일, 순교하기 전날 면회를 간 아내에게 이와 같은 말을 남겼다고 합니다.

> "내 대신 어머님을 잘 모셔 주오. 따스한 숭늉이 먹고 싶소. 나는 천국에 가서도 한국 교회를 위해서 기도하겠소. 내 시체는 평양 돌박산에 묻어 주오. 한국 교회가 진리에 서야 할텐데……."

이 마지막 말을 남기고 주기철 목사는 다음 날 옥중에서 순교하였습니다. 주기철 목사도 우리와 똑같은 성정을 가진 연약한 인간이었습니다. 주기철 목사의 아들 주광조 장로의 증언에 따르면 일본 경찰이 주기철 목사를 잡으러 집에 들어오면, 다시 잡혀 들어가 고문을 받을 것을 두려워한 나머지 동쪽 마루로 가서 기둥을 붙잡고 벌벌 떨면서 기도했다고 합니다. 육

신의 고난을 피하게 해달라고 울면서 하나님께 매달린 것입니다. 하지만 이러한 공포와 고통 가운데서도 주기철 목사는 옥중에 있을 때 끝까지 믿음을 지켰으며 다음과 같은 기도를 남겼다고 합니다.

> "오 주님! 내 목숨 아끼다 주님께 욕되지 않게 하시고, 이 몸이 부서져 가루가 되어도 주님 계명을 잘 지키게 하옵소서. 주님은 나를 위해 십자가에 달리셨습니다. 주님 나를 위해 돌아가셨으니 내 어찌 죽음이 무서워 주님 모르는 체하오리까. 다만 일사각오만 있을 뿐입니다."

주님 앞에 일사각오를 다짐했던 주기철 목사와 사도 바울의 온전한 열정이 우리에게도 있어야 합니다. 먹든지 마시든지 주님의 영광을 위해 살기를 원하는 순수한 순교자의 영성을 우리 가슴에 새겨야 할 것입니다. <sub>고전 10:31</sub>

## 온전한 믿음의 선한 싸움을 싸우라

예수님을 믿는다는 것은 믿음의 선한 싸움을 싸우는 것이기에 그리스도인이 된 순간부터 우리는 영적인 전쟁터에 내던져집니다. 사도 바울은 디모데후서 4장 7절에서 "나는 선한 싸움을 싸우고 나의 달려갈 길을 마치고 믿음을 지켰으니"라고 고백합니다. 사도 바울은 예수님을 만난 이후 평생 사탄과 싸웠고 우상숭배자들과 싸웠습니다. 율법주의자들과 싸우고, 교회를 어지럽히는 자들과 말씀을 의심하는 자들과 싸웠습니다. 그리고 자꾸 자신을 옛사람으로 끌고 가려고 하는 자신의 육체와 싸웠습니다. 주님을 위해서 그리고 하나님의 영광을 위해서 결코 포기할 수 없는 영적인 선한 싸움을 했던 것입니다.

믿음의 선한 싸움은 우리가 예수님을 믿는 순간부터 시작됩니다. 이 싸움은 크게 두 가지로 구분할 수 있는데, 내적인 싸움과 외적인 싸움이 바로 그것입니다. 예수님을 믿는 그 순간 우리의 마음은 전쟁터가 됩니다. 육신을 따르게 하는 죄의 법과 믿음의 길을 가게 하는 성령의 법이 끊임없이 우리 안에서 충돌하게 되는 것입니다. 이 선한 싸움은 한두 번 싸우고 마는 것이 아니라 사도 바울의 고백과 같이 우리가 달려갈 길을 다 마칠 때까지 딤후 4:7 즉, 하나님 나라에 갈 때까지 계속된다는 것입니다. 우리는 때로 믿음의 선한 싸움을 싸우다가 피곤하거나 지친 나머지 세상과 적당히 타협도 하고, 잠시 죄악의 쾌락을 누리는 것이 사실입니다. 이는 우리의 믿음이 온전하지 못하기 때문입니다. 그러나 사도 바울은 매 순간 온 힘을 다하며 선한 싸움을 싸웠습니다. 그리고 마침내 그는 마지막 순간에 이렇게 고백합니다.

> 나는 선한 싸움을 싸우고 나의 달려갈 길을 마치고 믿음을 지켰으니
> 디모데후서 4:7

아마도 이 고백은 그 당시 유명했던 올림픽 마라톤 경주를 생각하면서 했던 말처럼 보입니다. 마라톤의 거리 42.195킬로미터를 달려갈 때 중간에 아무리 잘 뛰어도 소용이 없습니다. 마라톤 경주의 목적은 '완주'이기 때문입니다. 일단 경주가 시작되면 골인 지점까지, 즉 목적지까지 도착을 해야 달려간 의미가 있는 것입니다. 사도 바울에게는 다메섹 도상에서 예수님

을 만난 다음, 순교하는 그날까지가 주어진 경주 코스였습니다. 그리고 이제 결승선에 골인할 때가 얼마 남지 않았다고 말합니다. 오직 주님만 바라보고 달리고 또 달려서 드디어 결승점에 도달하게 되었다고 말합니다.

> 오직 성령이 각 성에서 내게 증언하여 결박과 환난이 나를 기다린다 하시나 내가 달려갈 길과 주 예수께 받은 사명 곧 하나님의 은혜의 복음을 증언하는 일을 마치려 함에는 나의 생명조차 조금도 귀한 것으로 여기지 아니하노라
> 사도행전 20:23-24

사도 바울은 맡겨진 경주 코스를 완주하기 위해서 생명조차 귀하게 여기지 않고 끝까지 온 힘을 다해 달리겠다고 고백합니다. 우리 역시 믿음의 길을 달리기 시작했다면 골인 지점을 향해 인내하며 힘껏 전진을 해야 합니다. 절대로 포기하면 안 됩니다. 아무리 중간 지점까지는 일등으로 뛰었다 하더라도 중간에 포기하면 모든 것이 다 무효가 됩니다. 끝까지 믿음의 발걸음을 옮기는 온전한 믿음이 필요합니다. 한 번 예수님을 믿기로 작정했으면 일평생 주의 법을 사랑하고, 그것을 기쁨으로 순종할 수 있어야 합니다.

우리는 태어나면서 모두 손가락 열 개를 갖고 태어납니다. 그런데 손가락 열 개 중에서 양손에 두 개씩 네 개의 손가락만 가지고 태어난 이희아 씨가 있습니다. 이희아 씨의 더 큰 어려움은 무릎 아래로 있어야 할 다리와 발이 없는 것이었습니다. 그녀가 이런 안타까운 질병을 선천적으로 얻은 것은 다 이유가 있었습니다. 상이군인으로 하반신척수마비증이라는 장애를 가진 이희아 씨의 아버지와 간호사였던 그녀의 어머니는 병원에서 만났

습니다. 가족과 친지의 극심한 반대를 무릅쓰고 두 사람은 결혼을 하였고, 얼마 후 아이를 갖게 되었습니다. 그런데 초음파 검사를 통해 아이의 양쪽 손가락이 다섯 개씩이 아니라 두 개씩 밖에 없는 기형아라는 소식을 듣게 되었습니다. 그 소식을 접한 모든 사람은 배 속의 아이를 낙태할 것을 권유했지만 이희아 씨의 어머니는 하나님께서 주신 생명이라는 믿음으로 아이를 낳았습니다. 아이를 낳고 보니 정말 손가락이 두 개밖에 없어서 젓가락도 제대로 집지 못했습니다.

그래도 이희아 씨의 어머니는 딸에 대한 기대를 포기하지 않았습니다. 그러던 어느 날 어머니가 기도하는 중에 아이에게 피아노를 가르쳐야겠다는 마음의 확신이 들었습니다. 그때부터 어머니는 어린 딸에게 피아노를 가르치기 시작했습니다. 처음에는 아이가 손에 힘이 없어 건반을 잘 누르지도 못했습니다. 그래도 포기하지 않았고, 오히려 일곱 살 때부터는 하루 열 시간 가까이 피아노 연습을 시켰습니다. 학교에 가는 날에도, 병원에 가는 날에도, 쉬는 시간만 생기면 연습을 하게 했습니다. 악보 한 줄을 가지고 백 번씩 연습을 한 적도 있었습니다. 그렇게 연습한 이희아 씨는 일 년 반 만에 전국 대회에 나가서 최우수상을 타게 되었습니다. 그녀는 그때를 기억하면서 이러한 고백을 했습니다.

"장애와 이를 극복할 수 있는 힘을 함께 주신 하나님께 영 번째로 감사하고, 다음은 어머니와 먼저 천국에 가신 아버지께 첫 번째로 감사하고, 피아노 선생님께 두 번째로 감사합니다."

그 후로 이희아 씨는 한국재활복지대학교를 졸업하였으며, 전국학생음

악연주평가대회에서 최우수상과 장애극복대통령상, 문화예술인상 등 다수의 상을 거머쥐며 시대를 빛내는 스타로 주목받고 있습니다. 최근에는 세계 각지에서 초청을 받아 활발한 연주 활동을 하고 있습니다.

무릎으로 걸어다니는 이희아 씨는 세상에서 가장 키가 작은 피아니스트이지만, 그녀는 받은 사명을 감당하기 위해서 늘 주님께 감사하며 온 힘을 다해 노력하고 있습니다. 이희아 씨가 열 살 때 이런 일기를 썼다고 합니다.

> "나는 손가락을 두 개 주신 하나님께 감사한다. 내 손을 생각해 보면 아주 귀한 보물의 손이다."

우리는 과연 어떠한 삶을 살고 있습니까? 열 손가락과 건강한 다리를 가지고 하나님의 영광을 위해서 온 힘을 다하는 삶을 살고 있습니까?

이제 우리 자신을 바꾸어야 합니다. 주님께서 오라 부르시는 그날까지 예수님만 바라보면서 믿음으로 달려가야 할 것입니다.

> 이러므로 우리에게 구름 같이 둘러싼 허다한 증인들이 있으니 모든 무거운 것과 얽매이기 쉬운 죄를 벗어 버리고 인내로써 우리 앞에 당한 경주를 하며 믿음의 주요 또 온전하게 하시는 이인 예수를 바라보자 히브리서 12:1-2

우리는 모두 신앙의 경주자입니다. 우리의 목표는 자나 깨나 예수님만을 바라보는 것입니다. 자꾸 과거를 돌아보지 말아야 합니다. 과거의 상처에 낙심하여 주저앉지 말아야 합니다. 앞만 보고 전진, 또 전진해야 합니다.

믿음을 지켰느냐 지키지 못했느냐 하는 것은 하나님 뜻대로 살았느냐 살지 못했느냐 하는 것입니다. 사도 바울은 경주를 하면서 믿음을 지켰다고 말합니다. 믿음을 지켰다는 말은 다시 말해 하나님의 뜻대로 살았다는 말과 같습니다. 경주하는 사람이 중간에 자동차를 타거나 반칙을 하면 무조건 실격입니다. 하나님께서 함께한 사람들은 모두 믿음을 지킨 사람입니다. 믿음을 지킬 때에 하나님께서 복을 주십니다.

초대교회 당시 서머나 교회의 감독으로 순교한 폴리캅St. Polycarp은 예수님이 사랑하셨던 사도 요한의 제자로, 사도 요한으로부터 서머나 교회의 감독직을 임명받았습니다. 폴리캅이 기독교 박해령으로 체포되었는데, 로마 총독이 그를 죽이려고 보니까 백발이 성성한 할아버지였습니다. 그래서 총독은 폴리캅을 죽이는 것이 미안해서 넌지시 말했습니다.

"여보시오. 딱 한 번만 예수님을 모른다고 하시오. 그럼 내가 당신을 살려주겠소."

그때 폴리캅이 유명한 말을 남겼습니다.

"예수 그리스도는 나의 평생 동안 단 한 번도 나를 모른다고 하신 적이 없는데 내가 어떻게 예수님을 모른다고 할 수 있겠습니까? 그러지 말고 당신이 예수님을 믿으시오."

그러자 로마 총독은 분노했고, 폴리캅을 펄펄 끓는 기름 가마에 넣고 처형했습니다. 폴리캅은 순교하는 마지막까지 믿음을 지켰습니다. 우리는 어떤 상황에서도 믿음의 자리를 지켜야 합니다.

# 영원한 것을 소망하라

이제 후로는 나를 위하여 의의 면류관이 예비되었으므로 주 곧 의로우신 재판장이 그 날에 내게 주실 것이며 내게만 아니라 주의 나타나심을 사모하는 모든 자에게도니라 디모데후서 4:8

사도 바울은 이제 자신이 떠날 시기가 가까이 왔음을 직감하고 있었습니다. 복음을 위해 마지막 피 한 방울까지 다 쏟아붓고 떠날 때가 되었음을 고백하며 자신에게 의의 면류관이 예비되어 있을 것이라고 확신하고 있습니다. 여기에서 우리는 사도 바울이 그동안 영광스런 삶을 얼마나 사모했는지를 엿볼 수 있습니다. 의의 면류관은 복음을 위해 그리스도의 말씀대로 살아온 인생에 대한 선물이요, 상급입니다. 그는 자기 자신뿐 아니라 다른 사람도 의롭고 거룩하게 만드는 일에 온 힘을 다했습니다. 디모데후서 4장 8절은 바울이 얼마나 영광스러운 삶을 고대하고 있었는지를 보여 주는 대목입니다. 예수님 앞에 섰을 때 세상에 얽매여있는 어정쩡한 모습이기를 원치 않는 사도 바울의 굳은 결의를 보여주고 있습니다.

이 세상에서 면류관을 받는 것도 중요하지만, 우리도 사도 바울처럼 장차 우리 주님 앞에 설 때에 "잘했다!" 칭찬하시며 씌워 주시는 그 면류관을 사모해야 합니다. 현실의 어려운 점만 바라보고 낙심하지 말아야 합니다. 죽음 뒤에 있을 부활과 천국의 영광을 바라보는 것이 중요합니다. 우리는 앞서거니 뒤서거니 저 천국으로 다가가게 될 것입니다. 우리는 곧 주님 앞에 서게 될 것입니다. 부끄러운 최후가 아닌, 영광스러운 마지막을 맞이해야 할 것입니다. 우리에게 또 다른 영광스러운 삶이 시작되는 그러한 최후가 되어야 할 것입니다.

삶의 마지막은 예외 없이 누구에게나 임합니다. 오늘이 마지막이 될 사람도 있습니다. 그러므로 우리는 오늘을 마지막으로 생각하고 온 힘을 다해 살아야 합니다.

이때 중요한 것이 있습니다. 속도보다 방향입니다. 아무리 온 힘을 다했다 할지라도 방향이 옳지 못하면 그 삶은 헛된 인생이 됩니다. 그러므로 우리의 목표가 무엇인지를 점검해볼 필요가 있습니다. 그리스도인이라면 영원한 삶을 향해 걸어갈 수 있어야 합니다. '권불십년, 화무십일홍'權不十年, 花無十日紅이라고 했습니다. 제아무리 무소불위의 권력이라도 십 년을 넘기지 못하고, 화려한 꽃의 영광도 열흘을 넘기지 못하는 것이 세상 이치입니다. 영원한 하나님 나라가 아닌 잠시 잠깐 후면 사라질 이 세상을 위해 사는 것은 결국 허무할 뿐입니다. 우리가 인생을 다 달려왔는데 마지막 죽음 앞에서 물질이 무슨 의미가 있겠습니까? 물질을 목적으로 살았어도 죽음 앞에서 그것은 아무런 의미가 없습니다. 세상의 모든 것은 이처럼 순식간에 사라지는 안개와 같은 것입니다.

마지막 순간에 우리가 기뻐하고 자랑할 수 있는 것은 오직 예수님 한 분뿐입니다. 예수님과 동행한 삶이야말로 우리의 자랑이 될 것이며, 주님의 복음을 위해 살아온 시간이야말로 우리의 기쁨이 될 것입니다. 한 번뿐인 우리의 인생은 화살처럼 빠르게 지나갈 것입니다. 그러므로 우리는 주를 위한 일만 영원히 기억될 것이라는 사실을 명심하고 주님께서 기뻐하시는 삶을 살아야 할 것입니다.

마태복음 25장을 보면 달란트 비유가 나옵니다. 주인이 먼 길을 떠나면서 세 명의 하인에게 각기 재산을 맡기는데, 한 사람에게는 다섯 달란트를, 또 한 사람에게는 두 달란트를, 나머지 한 사람에게는 한 달란트를 맡기고 떠났습니다. 주인은 하인들에게 언제 돌아올 것이라는 기약도 남기지 않고 길을 떠났습니다. 그런데 어느 날 갑자기 주인이 돌아왔습니다.

그러자 다섯 달란트 가졌던 종이 와서 말했습니다.

"주인님, 제가 열심히 땀 흘린 결과 다섯 달란트를 더 남길 수 있었습니다."

이어서 두 달란트 가진 사람이 와서 말했습니다.

"주인님, 저도 열심히 일해서 두 달란트를 더 남겼습니다."

그들은 재산을 맡긴 주인을 위해 온 힘을 다한 결과 자신들이 받은 달란트의 갑절을 남길 수 있었습니다.

그런데 한 달란트 가진 사람은 주인이 맡긴 재산을 땅에 고스란히 묻어 두고 주인을 위해 아무런 일도 하지 않고 있다가 주인이 오자 땅에 묻어 놓았던 것을 가져와서는 이렇게 핑계를 댔습니다.

"주인님, 저는 주인님께서 맡기신 달란트를 혹시라도 잃어버리면 주인님께 혼날까 봐, 잘 묻어 놓았다가 그대로 가져왔습니다."

하인들의 보고를 다 들은 뒤 주인은 다섯 달란트와 두 달란트 남긴 하인에게는 칭찬했습니다. 그런데 그 칭찬이 똑같습니다. 글자 토씨 하나 틀리지 않고 똑같이 축복했습니다.

> 그 주인이 이르되 잘하였도다 착하고 충성된 종아 네가 적은 일에 충성하였으매 내가 많은 것을 네게 맡기리니 네 주인의 즐거움에 참여할지어다 하고
> 마태복음 25:23

"잘하였도다 착하고 충성된 종아" 맡은 일에 온 힘을 다한 하인에게 이보다 더한 칭찬이 있을까요? 그들은 얼마나 영광스러웠을까요? 우리도 그들처럼 이러한 칭찬을 받아야 할 것입니다. 그러나 한 달란트를 묻었다가 가져온 하인은 무익한 종이라는 책망을 받았습니다.

> 이 무익한 종을 바깥 어두운 데로 내쫓으라 거기서 슬피 울며 이를 갈리라 하니라 마태복음 25:30

언젠가 우리도 주님 앞에 설 것입니다. 그런데 그 평가는 칭찬이나 책망 중 하나가 될 것입니다. 지금 이 순간 우리 자신을 돌아보아야 할 것입니다. 지금까지 하나님의 영광을 위해서 살았습니까? 선한 싸움을 싸웠습니까? 달려갈 길을 마쳤습니까? 믿음을 지켰습니까? 과연 주님 앞에 설 때에 칭찬받을 수 있는 그러한 삶을 살았습니까? 지금 되돌아보지 않으면 나중에 후회해도 그때는 이미 늦습니다. 지금 아프고 힘든 것은 상관없습니다. 그러나 최후에 웃을 수 있는 자가 복된 사람입니다. 우리 모두 달려갈 길을 다 마치고 주님 앞에서 착하고 충성된 종이라 불리는 영광을 누릴 수 있어야 할 것입니다.

Chapter 13

# 잘하였도다 착하고 충성된 종아

우리는 고난을 통해 하나님의 사랑을 경험할 수 있습니다. 하나님께서 주시는 모든 고난은 우리를 훈련시키고 성장시켜 희망을 발견하게 합니다. 이것이 하나님께서 일하시는 방식입니다. 우리는 이 땅에서의 형통함뿐만 아니라 고난의 훈련을 통한 하나님의 축복을 사모해야 합니다. 이러한 믿음과 함께할 때 고난의 파도 속에서도 흔들리지 않는 평안을 누릴 수 있습니다.

### 묵상
우리의 지난날을 돌아보면서, 문제와 어려움이 닥쳤을 때마다 합력하여 선을 이루어 주셨던 하나님의 은혜를 되새겨 봅시다.

### 적용
문제와 어려움이 있을 때 원망하고 불평하기보다 그것들을 통해 우리의 신앙을 더 굳건하게 해주실 하나님의 은혜를 기대합시다.

# 참기쁨

| | |
|---|---|
| 초판 1쇄 발행 | 2018년 2월 12일 |
| 13쇄 발행 | 2018년 6월 21일 |

| | |
|---|---|
| 지은이 | 이영훈 |
| 주 간 | 김호성 |
| 편집인 | 김형근 |
| 편집장 | 박인순 |
| 기획·편집 | 강지은 |
| 표지디자인 | 김미나 |
| 내지디자인 | 김한희 |

| | |
|---|---|
| 펴낸곳 | 교회성장연구소 |
| 등 록 | 제 12-177호 |
| 주 소 | 서울특별시 영등포구 여의공원로 101 CCMM빌딩 7층 703B호 |
| 전 화 | 02-2036-7928(편집팀) 02-2036-7935(마케팅팀) |
| 팩 스 | 02-2036-7910 |
| 쇼핑몰 | www.pastormall.net |
| 홈페이지 | www.pastor21.net |
| 페이스북 | www.facebook.com/pastor21 |

ISBN | 978-89-8304-279-8 03230

*값은 뒤표지에 있습니다.
*잘못된 책은 구입하신 서점에서 교환해드립니다.
*이 책 내용의 일부를 사용하려면 반드시 저작권자와 교회성장연구소 양측의 서면동의를 받아야 합니다.

"무슨 일을 하든지 마음을 다하여 주께 하듯 하라." (골 3:23)

교회성장연구소는 한국의 모든 교회가 건강한 교회성장을 이루어 하나님 나라에 영광을 돌리는 일꾼으로 성장하는 것을 목표로, 목회자의 사역과 성도들의 영적 성장을 도울 수 있는 필독서들을 출간하고 있다. 주를 섬기는 사명감을 바탕으로 모든 사역의 시작과 끝을 기도로 임하며 사람 중심이 아닌 하나님 중심으로 경영한다. "무슨 일을 하든지 마음을 다하여 주께 하듯 하라."는 말씀을 늘 마음에 새겨 하나님께서 주신 사명을 기쁨으로 감당하고 있다.